中国古代生肖文化

王 俊 编著

中国商业出版社

图书在版编目（CIP）数据

中国古代生肖文化 / 王俊编著. –– 北京：中国商
业出版社，2017.7

　　ISBN 978-7-5044-9897-7

　　Ⅰ.①中… 　Ⅱ.①王… 　Ⅲ.①十二生肖－文化－中国
－古代 　Ⅳ.① K892.21

　　中国版本图书馆 CIP 数据核字 (2017) 第 127346 号

责任编辑：常　松

中国商业出版社出版发行

010-63180647　　www.c-cbook.com

（100053 北京广安门内报国寺 1 号）

新华书店经销

三河市同力彩印有限公司

*

710×1000 毫米　16 开　15 印张　200 千字

2017 年 9 月第 1 版　2017 年 9 月第 1 次印刷

定价：45.00 元

* * * * *

（如有印装质量问题可更换）

《中国传统民俗文化》编委

序　言

中国是举世闻名的文明古国，在漫长的历史发展过程中，勤劳智慧的中国人，创造了丰富多彩、绚丽多姿的文化，可以说人创造了文化，文化创造了人，这些经过锤炼和沉淀的古代传统文化，凝聚着华夏各族人民的性格、精神、智慧，是中华民族相互认同的标志和纽带。在人类文化的百花园中摇曳生姿，展现着自己独特的风采，对人类文化的多样性发展作出了巨大贡献。中国传统民俗文化内容广博，风格独特，深深地吸引着世界人民的眼光。

正因如此，我们必须深入学习贯彻十八届三中全会精神，按照中央的规定，加强文化建设。2006 年 5 月，时任浙江省委书记的习近平同志就已提出："文化通过传承为社会进步发挥基础作用，文化会促进或制约经济乃至整个社会的发展。"又说："文化的力量最终可以转化为物质的力量，文化的软实力最终可以转化为经济的硬实力。"（《浙江文化研究工程成果文库总序》）今年他去山东考察时，又再次强调：中华民族伟大复兴，需要以中华文化发展繁荣为条件。

学习习近平同志的重要讲话，确可体会到，在政治、经济、军事、社会和自然要素之中，文化是协调各个要素协同发展、相关耦合的关健。正因为此，我们应该对华夏民族文化进行广阔、全面的检视。我们应该唤醒我们民族的集体记忆，复兴我们民族的伟大精神，发展和繁荣中华民族的优秀文化，为我们民族在强国之路上阔步前行创设先决条件。

实现民族文化的复兴，更必须传承中华文化的优秀传统。现代中国人，特别是年轻人，对传统文化十分感兴趣，蕴含感情。但当下也有人对具体典籍、历史事实不甚了解，比如说，中国是书法大国，谈起书法，有些人或许只知道些书法大家如王羲之、柳公权等等的名字，知道《兰亭集序》是千古书法珍品，仅此而已。再比如说，我们都知道中国是闻名于世的瓷器大国，中国的瓷器令西方人叹为观止，中国也因此而获得了"瓷器之国"（英语 china 的另一义即为瓷器）的美誉。然而关于瓷器的由来、形制的演变、纹饰的演化、烧制等等瓷器文化的内涵，就知之甚少了。中国还是武术大国，然而国人的武术知识，或许更多地来源于一部部精彩的武侠影视作品，对于真正的武术文化，我们也难以窥其堂奥了。我们还是崇尚玉文化的国度，我们的祖先，发现了这种"温润而有光泽的美石"，并赋予了这种冰冷的自然物以鲜活的生命力和文化性格，例如"君子当温润如玉"，女子应"冰清玉洁"、"守身如玉"；"玉有五德"，即"仁"、"义"、"智"、"勇"、"洁"，等等。今天，熟悉这些玉文化的内涵的国人，也为数不多了。

也许正有鉴于此，有忧于此，近年来，已有不少有志之士，开始了复兴中国传统文化的努力，读经热开始风靡海峡两岸，不少孩童乃至成人，开始重拾经典，在故纸旧书中品味古人的智慧，发现古文化历久弥新的魅力。电视讲坛里一波又一波对古文化的讲述，也吸引着数以万计的人们，重新审视古文化的价值。现在放在读者眼前的这套"中国传统民俗文化丛书"，也是这一努力的又一体现。我们现在确应注重研究成果的学术价值和应用价值，充分发挥其认识世界、传承文化、创新理论、咨政育人的重要作用。

中国的传统文化内容博大，体系庞杂，该如何下手，如何呈现？这套丛书处理得可谓系统性强，别具心思。编者分别按物质文化、制度文化、精神文化等方面来分门别类地进行组织编写，例如在物质文化的层面，就有中国古代纺织、中国古代酒具、中国古代农具、中国古代青铜器、中国古代钱币、中国古代石刻、中国古代木雕、中国古代建筑、中国古代砖瓦、中国古代玉器、中国古代陶器、中国古代漆器、中国古代桥梁等等。

在精神文化的层面，就有中国古代书法、中国古代绘画、中国古代音乐、中国古代艺术、中国古代篆刻、中国古代家训、中国古代戏曲、中国古代版画等等；在制度文化的层面，就有中国古代科举、中国古代官制、中国古代教育、中国古代军队、中国古代法律等等。

此外，在历史的发展长河中，中国各行各业还涌现出一大批杰出的人物，至今闪耀着夺目的光辉，启迪后人，示范来者，对此，这套丛书也给予了应有的重视，中国古代名将、中国古代名相、中国古代名帝、中国古代文人、中国古代高僧等等，就是这方面的体现。

生活在 21 世纪的我们，或许对古人的生活颇感好奇，他们的吃穿住用如何？他们如何过节？如何安排婚丧嫁娶？如何交通？孩子如何玩耍？等等。这些饶有兴趣的内容，这套中国传统民俗文化丛书，都有所涉猎，例如中国古代婚姻、中国古代丧葬、中国古代节日、中国古代风俗、中国古代礼仪、中国古代饮食、中国古代交通、中国古代家具、中国古代玩具、中国古代鞋帽等等，这些书籍介绍的，都是人们深感兴趣，平时却无从知晓的内容。

在经济生活的层面，这套丛书安排了中国古代农业、中国古代纺织、中国古代经济、中国古代贸易、中国古代水利、中国古代车马、中国古代赋税等等内容，足以勾勒出古人经济生活的主要内容，让今人得以窥见自己祖先曾经的经济生活情状。

在物质遗存方面，这套丛书则选择了中国古镇、中国古楼、中国古寺、中国古陵墓、中国古塔、中国古战场、中国古村落、中国古街、中国古代宫殿、中国古代城墙、中国古关等内容。相信读罢这些书，喜欢中国古代物质遗存的读者，已经能大致掌握这一领域的大多数知识了。

除了上述内容外，其实还有很多难以归类却饶有兴趣的内容，例如中国古代的乞丐这样的社会史内容，也许有助于我们深入了解这些古代社会底层民众的真实生活情状，走出武侠小说家们加诸他们身上的虚幻不实的丐帮色彩，还原他们的本来面目，加深我们对历史真实的了解。继承和发扬中华民族几千年创造的优秀文化和民族精神是我们责无旁贷的历史责任。

不难看出，单就内容所涵盖的范围广度来说，有物质遗产，有非物质遗产，还有国粹。这套丛书无疑当得起"中国传统文化的百科全书"的美誉了。这套书还邀约了大批相关的专家、教授参与并指导了稿件的编写工作。

应当指出的是，这套书在写作中，既钩稽、爬梳大量古代文化文献典籍，又参照近人与今人的研究成果，将宏观把握与微观考察相结合。在论述、阐释中，既注意重点突出，又着重于论证层次清晰，从多角度、多层面对文化现象与发展加以考察。这套丛书的出版，有助于我们走进古人的世界，了解他们的美好生活，去回望我们来时的路。学史使人明智。历史的回眸，有助于我们汲取古人的智慧，借历史的明灯，照亮未来的路，为我们中华民族的伟大崛起添砖加瓦。

是为序。

傅璇琮

2014 年 2 月 8 日

前 言

在民间流行甚广的十二生肖，几乎家喻户晓，而且人人都有一个。但是，若问属相究竟从何而来，它与人的关系究竟是什么，就很少有

人详知了。也许一些人会讲出一些民间故事或神话传说来，然而这些民间故事毕竟是"故事"、"传说"，并没有科学依据，无法证实。还有些关于十二生肖的文章，大多沿用旧俗的说法，并未剔除其间的传说成分及某些迷信色彩。因此，关于属相的研究基本上还留有一大块空白。

十二生肖，原本是一种时间概念，它与年、月、日、时密切相联。依照我国古代的习俗相沿，广泛地使用天干、地支和甲子记年记号，记载历史的时间序列。这天干、地支和甲子的沿用，当见诸于人类有文字记载以来。其分为十天干，十二地支和六十甲子；每一地支以一种动物代表，十二种动物的象征次序为：鼠、牛、虎、兔、龙、蛇、马、羊、猴、鸡、狗、猪，谓之十二生肖。十二生肖配合六十甲子，每年迂回更替，往返伊始。

在长期的口头流传下，许多人将其源本忽略了，忘却了；更有一些人，人为地曲解或引为他用，使之离源本越来越远。正是这种舍本求末、望文生义、为我所用的结果，使属相变成神神秘秘、莫名其妙的东西。

十二生肖，与早期人类的图腾崇拜有关。在原始社会中，人们对许许多多的自然现象难以解释。在迷惑之余，他们便认为宇宙有超自然力量的"神"在主宰——日有日神，月有月神，雷有雷神，海有海神。后来，人们又以为神的力量表现在某种动物身上。这些动物，被人们视为神的显灵或化身，于是形成了动物崇拜，也就是图腾崇拜（包括自然物）。后来，这些被神化了的动物、自然物及人们想象中的人物，化作了神、妖，又被融于民俗之中。天长日久，它们也成为民俗文化、民间文化甚至可以说是"中华文化"的一部分。

深切感激勤奋不息和极富智慧的先祖们创造的生肖礼物，并恩赐给降生到这个美好世界上的我们每一个人。这个无形烙印和世间光环与每一个人相伴终生，它使我们骄傲自豪，它使我们汲取力量奋发向上，它使我们汲取智慧驾驶人生的惊涛骇浪，它使我们反躬自思惩恶扬善，它激励我们建设美好家园和享受旭日阳光……

目 录

第一章　十二生肖的起源

第二章　认识十二生肖

中国古代生肖文化

第三章　生肖与民俗

第四章　我国少数民族及国外生肖

中国古代生肖文化

第五章　生肖语言

第六章 趣谈十二生肖

中国古代生肖文化

第七章　生肖与艺术

第八章　现代生肖

第一章
十二生肖的起源

　　何为生肖？"生"指"出生年"；"肖"为相似之意，又叫属相。生肖由鼠、牛、虎、兔、龙、蛇、马、羊、猴、鸡、狗、猪十二种动物组成，配上十二地支：子、丑、寅、卯、辰、巳、午、未、申、酉、戌、亥，便是"子鼠、丑牛、寅虎、卯兔、辰龙、巳蛇、午马、未羊、申猴、酉鸡、戌狗、亥猪"十二属相。十二生肖究竟如何产生，有诸多说法。

第一节　生肖来由

十二生肖究竟是如何产生的？我们的先人和当今学者进行过专门的研究，提出了很多不同的观点，众说纷纭，各有各的道理，但都只是推测，并没有科学依据，所以至今没有一致的定论。但在宏观上反映了不同时代人们的思想认识、文化信仰。以下介绍几种主要观点。

■ 星宿缘起论

中国古代天文学家为了观测天象以及日、月、星在天空中的运行，在黄道和赤道带的两侧，绕天体一周，选取了二十八个星宿，作为观测时的标志。

黄道和赤道相当于天体上的坐标。天球赤道乃是地球赤道面延伸和天球相交的大圆，也即地球赤道在天球上的投影。黄道是太阳一年内在恒星之间所走的视路径，实际上黄道就是地球公转轨道平面与天球相交的大圆，即在天球上的投影。黄道和赤道成23° 26′的角。

二十八宿，亦称"二十八舍""二十八星""二十八次"。它是人为划分的星系，平均分为四组，每组七宿。

东、西、南、北四个方位又用四种动物相配，称为"四象"。它们是苍龙、白虎、朱雀、玄武（龟蛇）。二十八宿以北斗斗柄所指的

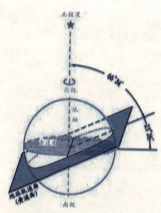

▲ 黄道平面和赤道

角宿为起点，由西向东排列。它们的名称和四象的关系如下：

　　东方：角、亢、氐、房、心、尾、箕，像一条巨龙，称东方苍龙；

　　西方：奎、娄、胃、昴、毕、觜、参，像一只猛虎，称西方白虎；

　　南方：井、鬼、柳、星、张、翼、轸，像一只朱雀，称南方朱雀；

　　北方：斗、牛、女、虚、危、室、壁，像一条龟蛇，称北方玄武。

　　中国古代时周天进行划分，以赤道从东向西将周天 360 度分成十二个部分，每部分约 30 度，用十二支表示，叫十二辰，与二十八宿有对应关系。

　　中国古代为了观测日、月、星的位置和运行，把黄道带自西向东划分为十二份，称作十二次。十二次的名称依次为：星纪、玄枵、诹訾、降娄、大梁、实枕、鹑首、鹑火、鹑尾、寿星、大火、析木。

　　外国古代把黄道带南北各 8 度以内的空间叫黄道，认为这是日、月和行星经过的处所。也按照由西向东的方向把黄道分为十二等份，叫黄道十二宫，用意与我国的十二次相同，但起迄界限有稍微差异。外国十二宫最初是按照天赤道划分的，后来才改为沿黄道划分。我国的十二次原先也按天赤道划分，唐代以后改为以黄道划分了。

　　二十八宿最早见于战国初期。十二辰制则是从汉武帝太初时开始，确定：子时为 23 ～ 1 点，丑时为 1 ～ 3 点，寅时为 3 ～ 5 点，卯时为 5 ～ 7 点，辰时为 7 ～ 9 点，巳时为 9 ～ 11 点，午时为 11 ～ 13 点，未时为 13 ～ 15 点，申时为 15 ～ 17 点，酉时为 17 ～ 19 点，戌时为 19 ～ 21 点，亥时为 21 ～ 23 点。

　　古代又将二十八星宿用某种动物作代表，其关系如下表。

星宿	角	亢	氐	房	心	尾	箕	斗	牛	女	虚	危	室	壁
动物	蛟	龙	貉	兔	狐	虎	豹	獬	牛	蝠	鼠	燕	猪	貐
星宿	奎	娄	胃	昴	毕	觜	参	井	鬼	柳	星	张	翼	轸
动物	狼	狗	雉	鸡	乌	猴	猿	犴	羊	獐	马	鹿	蛇	蚓

　　这二十八种动物中包含着十二生肖动物，因此有人认为，十二生肖是由此而起源的。然而，有些学者却不这么认为，他们的观点认为

先有十二生肖，后有二十八星宿动物，因为这二十八种动物是后来配上去的，二十八宿的动物是十二生肖动物的扩展。

至少在2500年前二十八星宿就已经出现，二十八种动物配诸星宿，到底什么时候出现到现在还没有定论。但生肖动物与天文有关，似乎不能否认。

中国有二十八星宿，印度、巴比伦、埃及、伊朗、阿拉伯、印第安人也有二十八星宿。究竟是哪国先发现也有不同看法。学术界有中国起源说和印度起源说。许多学者证实，二十八星宿应源于中国。

星宿学乃是一种星象学。实际上，天干、地支、五行、八卦都与星象学相关，来源于星象学。

■ 木星运行论

古代有一种说法，认为生肖的产生与木星有密切的联系。古时早知天上有五大行星：水星、金星、火星、木星和土星。所谓天上有五星，地上有五行。木星作为最大的的五大行星之一，对地球有较大的影响力。

木星在黄道上运行，每十二年为一周天，即木星的公转周期大约是十二年。当把天空区域划分为十二段时，木星每年正好走一段。十二年成为一个循环。当把每一段命为一支，十二年便为十二支，即子、丑、寅、卯、辰、巳、午、未、申、酉、戌、亥。所以只要看木星所处的位置，便可确定年度的支序。为此，木星古称岁星。

虽然古人对木星了解得不甚详细，但其重要性是公认的。古巴比伦视木星之神高于月亮，仅次于太阳。古罗马称木星为朱庇特，即主神或众神之父。含有天神、天父、天帝的意思。

中国古代认为，在木星十二年围绕太阳运行的周期里，影响到地球的环境，动植物的生长，在这十二年中地球的生态会发生周期性的变化。人们只要观察木星在什么位置，便知是什么年份，处于哪个支序，从而推断出该年的年景。

古人凭多年的经验，认为木星运行的十二年中，"三岁穰，三岁毁，三岁康，三岁旱"，即三年风调雨顺，三年水灾，三年风调雨顺，三年旱灾。还有一种说法是"天下六岁一穰，六岁一康，凡十二岁一饥"。即十二年中有一个丰收年，一个饥荒年。它与木星有关。

上述推论，似乎有经验积累，有科学探测，但似乎又欠充分、欠圆满，有相当大的牵强附会成分。它可能是产生生肖的原因之一，但更可能是用生肖去解释自然现象。

从木星运行论的观点看，似乎先有了十二次、十二辰、十二支，然后再配上十二生肖，而非由木星的位置来确定十二生肖。

■ 干支起因论

天干地支是中国古代用来记录年、月、日、时的符号、序号，合称干支。这是我国古代历法研究的重大成果。

天干又叫十干、日干、天母。地支又叫十二支、十二子。干取十，因神话中原有十日神，轮流值日。支取十二，描述月亮运行周期，一年十二个月。干支来自干枝，被认为母子相生，又为日月相配，阴阳相配，干支相配。

干支纪日已有数千年历史，纪年也有三千年历史。但干支具体始于何时？由谁发明？尚属一谜。

史书《世本》说："容成作历，大桡作甲子"。容成和大桡都是传说中黄帝的臣子，即大桡创造了甲子。因而认为甲子是自黄帝时就开始用来纪年的。每六十年为一甲子。

郭沫若在《甲骨文字研究释干支》中认为，"十天干纯属十进位，多半是殷人所制。至于十二地支，

▲ 天干地支图

则起源于古巴比伦。"并认为，中国古代的十二辰和十二地支是巴比伦的黄道十二宫演变而来。此论说遭到许多学者的反对。一些学者认为，夏、商早已有天干。商朝共三十代帝王，从汤子"外丙"到纣王"辛"，在汤之后二十九代帝王的名字中都有天干中的字作名字，便是铁证。

　　陈遵妫在《中国天文学史》中指出："在四千多年前的夏代，可能已有干支产生了。"郑文光在《中国天文学源流》一书中更认为，十天干起源于我国古代伏羲和"生十日"的神话传说，是十进位法概念和纪时的反映，应当产生于渔猎时代的原始社会。十二地支则由伏羲"生月十有二"的神话传说演变而来，产生于殷商之前，后逐渐演变成十二辰。郑推断："十二支宜乎是夏人的创作"。

　　总之，华夏先民们在长期观测日月星辰的运动以后，创造了天干与地支。以后干支结合，便成为中国古代记录年、月、日、时序数的代号。

　　东汉文学家蔡邕说："大桡采五行之情，占斗纲所建，于是始作甲乙以名日，谓之干；作子丑以名月，谓之支。干支相配，以成六旬。"

　　关于天干地支的含义，历来有许多取义。古人将地支与阴阳、五行结合，编造出系列玄学，与四季、方位结合，用来解释地象、气候之类；又与人体部位和脏腑结合，编派出生理、病理方面的许多说法。各界方士更多奇特言论。这里不去理论诸说的长短。

　　虽众学说存在分歧，但地支与月亮的关系是明显的。月亮盈亏周期，一年十二次，传为"天之大数"。它与气候、季节、生产、生活等密切相关。

　　一般认为，天干纪日法始于夏代。干支纪日法始于殷商。十二支纪月早在春秋战国时期，以一月配寅，二月配卯，余类推。十二时辰制则是从汉武帝太初时开始。

　　至于十二地支配上十二生肖，始于何时？出于何因？众说纷纭。但先有地支，后配生肖，这是比较明确的。问题是根据什么在不同时间配上不同的生肖动物。对此，拟在生肖的排列问题中加以阐述。

■ 图腾崇拜论

根据考古学家和相关专家长期的探究，认为地球的存在已有四十五亿年。人类的出现也有三百万到四百万年。人类从灵长类动物、猿人、直立人到智人经历了相当漫长的历程。智人被认为是真正"能进行思维的人类"，距今约有三万五千年，所谓能进行思维，无非与禽兽相比，要聪明一些，高明一些，文明一点，能够使用石器等工具。这相当于旧石器时代的晚期。

按照现代人的看法，这时人类尚处于蒙昧时期，对宇宙、自然、社会及自身都缺乏认识。古代，人类从蒙昧时期、蛮野时期、狩猎时期到农牧时期，逐步衍化、推进，对世界的认识不断提高。我们可以从古人对世界的观念中，看到他们思想认识变化的轨迹和脉络，甚至可以从中看到孵出生肖的基因。所以要探索生肖的起源，不能不从古人对大千世界的基本认识和主导思想去解析。那么古人对世界的认识是怎样的？有何特点？又是如何变化的？这些问题十分复杂，一般的认识认为古人的主要观念先后有原始自然崇拜、动植物崇拜、鬼魂崇拜、祖先崇拜、神灵崇拜、宗教崇拜和图腾崇拜。

所谓自然崇拜，就是"将自然物和自然现象当作有生命、有意志，且有威力的对象加以崇拜"（《中国民间信仰风俗词典》，王景琳、徐匋主编，中国文联出版社，1992年）。这是因为许多自然物和自然现象关系到人的生活、生存、灾难、死亡，这是最原始的崇拜。

自然崇拜有许多方面，如天体崇拜，包括日、月、星辰、雷、电、风雨；土地崇拜，包括山川、河海，动物崇拜，植物崇拜，包括多种动植物等。

在自然崇拜中，古人特别关注动物崇拜。尤其是在狩猎时期，动物是人类赖以生存的主要食品，生活的重要伙伴，斗争的主要对象，也是最危险的敌人。原始人认为动物和人一样，有思想、有感情、有灵魂。因此，人们对动物产生了种种幻想。既需要能捕杀到更多的动物，又害怕动物灵魂予以报复。因此，对动物既进行膜拜，又十分敬畏。

有关动物崇拜的记载、故事、习俗、传说、神话不计其数。涉及的动物达几十种，其中就包括十二生肖动物，这里不及详述。

从今人的眼光看，古人的观念已是神话、仙话、鬼话，但在当时，由于人缺乏对自然力的理解，便看作是超自然的神秘力量。其实，神话乃是自然力与人的幻想的结合。仙话多数反映人与社会所产生的矛盾。鬼话是人们在生活中遇到难解之谜而萌生出来的幻觉。它们反映当时世民的世界观、人生观、自然观、社会观、宗教观。

动物崇拜虽然含有唯心的、迷信的、消极的成分，但其中也蕴含朴素的、历史的、文化的因素。对于追溯生肖历史渊源，理解生肖文化背景、展示生肖理念的魅力，可以说十分重要。还可以说，古代在动物崇拜的基础上，进而形成了图腾崇拜。

图腾（Tu Ten）系印第安语，意为"他的亲族""他的标记"。原始人相信，每个氏族都与某种动物、植物或自然物有着亲属或其他特殊关系。此物（多为动物）即成为该氏族的图腾。也就是说，图腾就是该氏族的亲属、祖先、保护神的标志、徽记和象征。认为自己的祖先来源于某种动物或自然物，与之有亲缘和血缘关系。因此，图腾必须崇拜，禁杀、禁食、禁捕。

图腾崇拜实际上是自然、动物、鬼魂及祖先崇拜……相结合的产物。从历史资料可知，各氏族、各民族的图腾十分广泛。据古籍记载、民间调查，动物图腾在图腾中占多数，但种类甚多，例如据《史记》记载："天命玄鸟，降而生商"。玄鸟就是凤凰，即凤凰是殷民族的图腾。龙被认为是夏民族的图腾。

白族中有虎氏族，虎为其祖先，即认虎为图腾。白族中有鸡氏族，认为祖先是金花鸡，

△ 虎图腾

即鸡是他们的图腾；纳西族中把牛视为远古创世神兽；狩猎民族有把野猪神作为崇拜对象的；北方游牧民族有崇拜马神；哈萨克人崇拜山羊神；瑶族的祖先是神犬，满族中也有崇狗的；蛇是古越人的重要图腾；广西瑶族认为祖妣为母猴；鄂伦春族称公熊为"雅正"，意为祖父，称母熊为"太帖"，意为祖母；鄂温克族称公熊为"和克"，意为祖父，称母熊为"恶我"，意为祖母；匈奴人、蒙古人自认为是狼的后代。

四灵即龙、凤、麟、龟，是中国古代的图腾。伏羲、女娲是传说中华夏民族的祖先。他们是人首蛇身，因此认为蛇是人类的祖先。

有关图腾的传说、故事、神话更是丰富多彩，妙趣横生，不计其数。

图腾文化是中国古文化的重要组成部分，它反映人与动物休戚相关，人与自然浑然一体。这是古人类的生态观、自然观、价值观、社会观。

■ 人祖流传论

传说，古时人们的生活很苦，基本靠采食野果野菜为生。有个年轻人不甘心这样过下去，便决心找到一种能长期养活人的食物。

一天，住在山上的一位老人告诉他，天底下有这样的养人心之果，但只有天神才知道在什么地方，别人谁也不晓得。这个年轻人便去问天神，请求天神帮助他拯救人类。天神对他说："这养人心的果就是谷种，只有鼠王居住的地方才有，而鼠国很远，且很难找到。"年轻人苦苦哀求天神无论如何也要帮助他找到谷种，天神被小伙子的真诚感动了，便答应了他的请求。天神变成一只大鹏鸟，叫年轻人骑在它背上，带着年轻人飞到了鼠国。

鼠国是老鼠的世界，年轻人刚从大鹏鸟身上跳下来，便被千万只老鼠团团围住。这些老鼠比人还高大，从没见过人，以为年轻人是个怪物，想要伤害他，把他咬死。年轻人懂得法术，有神的智慧，他用定身法战胜了鼠群，向鼠王说明了来意，要求鼠王给人类谷种。鼠王见年轻人本领高强，不想再战，便取出一颗谷种送给他。天神变成的大鹏鸟早已飞回了，年轻人得了谷种后，只得爬山涉水步行回家。

路途遥远，年轻人一直不停地走了整整十二年，分别经过鼠、牛、虎、兔、龙、蛇、马、羊、猴、鸡、狗、猪十二种动物的领地，才回到原来人类居住的地方，将得到的谷种种在地里。自此，人类便学会了种植谷物。因为人在返回的途中分别经过了这十二种动物居住的地方，所以后来这十二种动物就成了人类的十二属相。

人类有了属相之后，寿命都很短，只能活十几二十岁。正好赶上玉皇大帝给凡间的属相生灵封寿，安排工作。玉帝先给人封寿说："人可活二十岁。"人问："让我吃什么？"玉帝说："想吃什么就吃什么。"人又问："叫我干什么？"玉帝说："想干什么就干什么。"

接着给马封。玉帝开口就给马五十年的寿命。马问："吃什么？"玉帝说："吃料。"马问："干什么？"玉帝说："驮东西。"马觉得自己不如人，吃的不好，干的不轻，活那么多年有啥意思？便说："让我活三十年就行了。"人在一旁听了，心想：苦点怕啥？活着总比死了强，于是上前恳求说："把马的二十年给我吧。"玉帝点头答应。

第三个给牛封。玉帝说："给你四十年怎么样？"牛没有正面回答，反问："让我吃什么？"玉帝："没粮了，吃草。"牛问："干什么？"玉帝说："拉犁，拉车。"牛想：自己干的活最重，可只叫吃把草！心里很不服气。说："我也不愿意活那么多年，让出二十年谁要给谁。"人又抢着说："给我，我不嫌多。"

第四个给狗封。玉帝说："你活上二十年。"狗问："吃什么？"玉帝说："粮草都吃完了，吃屎去。"狗问："干什么？"玉帝说："看门。"狗对让它吃屎很不高兴，说："我也不要那么多，只要十年。"玉帝问："这十年谁要？"人赶紧说："也给我吧。"

第五个给鸡封。玉帝说："鸡有十年就行了。"鸡问："吃什么？"玉帝说："什么也没有了，自己刨着吃吧。"鸡问："干什么？"玉帝说："叫明。"鸡也对玉帝分封不公有意见，说："我只活五年。"人又急忙说："谁不要，都给我。"

其他属相一看前面的分封，虽然心里都感到不公，但面对玉帝敢怒而不敢言，只好听命于玉帝的分封了。

从此，人的寿命也就比较长了。而且在每段年龄内的任务也有所不同：二十岁以前，是人的本所属年命，吃的好还不操心；二十岁到四十岁，四十岁到六十岁这四十年，因为是牛马年，所以连拉带驮，成为人生创业的阶段，因而最辛苦；六十岁到七十岁，是狗的寿数，人到老年干不了活计，坐在门前看家；七十年之后，过着鸡的年岁，人老没瞌睡，天不明就醒来嚷嚷，催叫儿孙们起床上学、下地。

第二节　生肖排序

十二生肖是按照什么来排序的，有很多说法，各有其理。其中的说法不乏有推测、附会或自圆其说，还有些说法纯属神话传说，没有什么科学依据，代代相传。这些说法反映古代人们的思想认识，文化水平，无可非议，在今日则应客观审视。下面简要介绍各种说法。

■ 木星影响说

木星对地球有一定影响。木星位置变化十二年一个周期，每年的影响不同，即影响地球的气候、旱涝、环境，植物生长每年不同，从而影响不同动物的成长。按此确定动物历年的排序，及生肖的排序次序。这一说法似乎很科学，但论证不足。

地支名称谐音转义说。古人认为，十二地支按谐音都有一定含义，认为："子是兹的意思。指万物兹萌于既动之阳气下。丑是纽，阳气在上未降。寅是移，寅的意思，指万物始生寅然也。卯是茂，言万物茂也。辰是震的意思，物经震动而长。巳是起，指阳气之盛。午是忤的意思，指万物盛大枝柯密布。未是味，万物皆成有滋味也。申是身的意思，指万物的身体都已成就。酉是老的意思，万物之老也。戌是灭的意思，万物尽灭。亥是核的意思，万物收藏。"生肖配十二地支，

▲ 木星

从而确定了生肖排序的次序。谐音说无疑带有明显的揣测附会成分。

兽类特性说

此说传播较广的是清代刘献《广阳杂记》引李长卿《松霞馆赘言》。大意是: 天开于子。鼠善咬, 子时鼠咬开混沌之气, 开辟天地, 形成宇宙, 故子属鼠。地辟于丑。牛善犁地, 牛辟大地, 使大地回春, 万物生长, 故丑属牛。人生于寅。有生则有杀, 杀人者虎也。故寅属虎。卯时日升, 太阳犯太阴, 太阳升, 月亮降, 进犯玉兔, 故卯属兔。辰者三月之卦, 正是群龙引雨之时, 龙乃雨水之神, 故辰属龙。巳者四月之卦, 此时绿草茂盛, 蛇得其所, 故巳属蛇。午时阳气极盛, 阴气再生。马刚健奔驰又未离属阴大地, 阴阳交替, 故午属马。羊吃未时之草儿肥壮, 故未属羊。申时日落猿啼, 故申属猴。酉时月出, 月中含有太阳金鸡的精华, 故酉属鸡。戌时入夜, 狗护家院, 故戌属狗。亥时猪饮食入眠, 别无所知, 故亥属猪。以上解释似乎也属于揣度, 有几分道理, 更多的恐怕是编造。

动物活动时间说

即十二生肖动物的选用和排列是根据动物每天的活动时间确定的。每天十二个时辰, 夜晚十一时到凌晨一时是子时, 此时老鼠最为活跃。凌晨一时到三时为丑时, 牛正在反刍。凌晨三时至五时为寅时, 此时老虎到处游荡觅食, 最为凶猛。五时至七时为卯时, 这时太阳尚未升起, 月亮仍挂在天上。月中玉兔捣药正忙, 人间玉兔开始去外觅食。上午七时至九时为辰时, 正是神龙下雨的好时光。九时到十一时为巳时, 此时蛇开始活跃起来。十一时到下午一时, 阳气正盛为午时, 正是天马行空的时候。下午一至三时是未时, 羊在这时吃草, 会长得更壮。三时到五时为申时, 这时猴子非常活跃。五时到七时为酉时, 夜幕降临, 鸡开始归窝。七时到九时为戌时, 正是狗看家护院的时候。九时到十一时为亥时, 此时万籁俱寂, 猪正在鼾睡。此说不无三分道理,几分凑合。

宋代大学者朱熹按动物活动的说法与此相似。他认为：子时鼠最活跃；丑时牛反刍；寅时虎最凶；卯时月退隐，此时月中玉兔捣药正忙；辰时龙行雨；巳时蛇开始活跃；午时太阳当空，阳极之象，以马配之；未时羊啃过的草长得更茂盛；申时猴子最活跃；酉时鸡归窝；戌时狗开始守夜；亥时猪熟睡。上面的阐述从动物活动的实际出发，有一定的说服力，但也只能算是一种解读，而没有确切的资料可以证实。

■ 动物习性配置说

明代学者郎瑛和王逵按动物习性，结合阴阳、时间，认为子时幽潜隐晦，与鼠好藏迹的习性相合，故子时配鼠。牛有舐犊之情，突显母牛慈爱亲情，故丑属阴，为牛的属相。虎性暴，阳性，寅为三阳，故寅配虎。午时阳气最盛，而马刚健疾驰，表达了阳极的意义，故午马相配。羊跪吃母乳，属阴性，未属阴，未羊相匹。申为三阴，猴性黠，属阴，申猴相配。日月出生应在阴阳相交之时，即卯酉之时，与兔、鸡相配。辰巳时阳气扶升，与龙蛟善变相应，故龙蛟配辰巳。戌时亥时阴敛之气渐深，这时狗司夜，猪守静，正得其时，相互匹配。以上生肖排序的说法，反映一些人的奇异设想，但阐理十分勉强，破绽处处可见，完全是人为编造，出于杜撰。

■ 动物大小和习性搭配说

有人认为十二生肖具有排列组合的搭配（刘川、长光兴，《淄博师专学者报》1991 年第二期）。十二生肖每二种生肖为一组，可以发现，二者在大小和习性方面有某种组合，例如子鼠丑牛一组，鼠小牛大；鼠窃而食，牛耕而食；鼠夜间觅食，牛夜间反刍；鼠昼伏夜出，怕人，牛正好相反。寅虎卯兔一组，虎大兔小；虎凶兔善，习性相反；辰龙巳蛇，龙蛇形似，龙腾云驾雾，蛇窜草钻洞；午马未羊，马和羊均食草，群放、畜养；申猴酉鸡，猴爱动爪爬树，鸡常用爪觅食。戌狗亥猪，前者善跑善吠，后者惰性十足。以上种种组合，有相同的，有相异的。是巧合还是有意的？甚至说它体现了古人的辩证思想。难做定论。但这种分析至少探佚出生肖文化中一种有趣的现象。

 知识链接

何谓"六十甲子"

十天干与十二地支按顺序两两相配，从甲子到癸亥，共六十个组合，称为六十甲子，又称六十花甲。其顺序依次是：甲子、乙丑、丙寅、丁卯、戊辰、己巳、庚午、辛未、壬申、癸酉、甲戌、乙亥、丙子、丁丑、戊寅、己卯、庚辰、辛巳、壬午、癸未、甲申、乙酉、丙戌、丁亥、戊子、己丑、庚寅、辛卯、壬辰、癸巳、甲午、乙未、丙申、丁酉、戊戌、己亥、庚子、辛丑、壬寅、癸卯、甲辰、乙巳、丙午、丁未、戊申、己酉、庚戌、辛亥、壬子、癸丑、甲寅、乙卯、丙辰、丁巳、戊午、己未、庚申、辛酉、壬戌、癸亥。

第二章
认识十二生肖

　　十二生肖由十二只形态各异、性情不同的动物组成，它们不是作为普通的动物，而是被人们赋予了诸多的文化意义的生灵，从动物上升到神格，接受人们的崇敬和膜拜。古代民间很多习俗都与十二生肖有关，极大地丰富了人们的生活。

第一节 子 鼠

■ 子鼠的生灵性情

　　鼠类，是哺乳动物的第二大科，有五百多种，数量庞大而又古老。近年来在安徽省附近考古发现，人类还没出现以前，鼠已经在地球上生活了四千七百多万年。

　　鼠，一般形体小，眼睛小，口吻突出，尾裸而具鳞片。还有其他种类的鼠，如世界最大的鼠——美洲负鼠，它体躯如猫；而最小的鼠大小如顶针，在显微镜下才能看清它的五趾，它就是俄罗斯巴尔喀什湖地区的跳鼠。

　　鼠类分布在不同区域，种类不同，习性也有所差异。在我国，最常见到的是以下四种鼠：褐家鼠，喜栖于沟渠旁，故又称沟鼠，世界上数量最多，约占全球鼠类的三分之一；黑家鼠，善于攀登，喜居于楼阁等高处，故又称屋顶鼠；黄胸鼠，在我国南方广布，习性与黑家鼠相似；小家鼠，全国广布，体形小，常栖居于民房杂物堆及各种缝隙中。此外，常见的鼠的种类还有巢鼠、田鼠、沙鼠、仓鼠等。

　　鼠，在民间又有"老鼠""耗子"等称谓，后者得名的原因就是鼠特别能损耗物品。古人

造字取象，甲骨文中的"鼠"字就像是一只小老鼠张着嘴在咬东西。

鼠有很强的繁殖能力和生存能力，所以才家族庞大。据统计，全球鼠的数量为世界人口的数倍，它们每年食用的粮食能达数千亿吨。人类辛苦劳动所得就这样被老鼠轻松据为己有！

饱受鼠类折磨的可不只是现代人，中国最早的诗歌总集《诗经》中的《硕鼠》篇，就如此吟咏道：

"硕鼠硕鼠，无食我麦！三岁贯女，莫我肯顾。逝将去女，适彼乐土。乐土乐土，爰得我所？硕鼠硕鼠，无食我麦！三岁贯女，莫我肯德。逝将去女，适彼乐国。乐国乐国，爰得我直？硕鼠硕鼠，无食我苗！三岁贯女，莫我肯劳。逝将去女，适彼乐郊。乐郊乐郊，谁之永号？"

这是古人对老鼠发出的恳求：大老鼠呀大老鼠，不要再偷吃我种的黍！多年辛苦养活你，你却不顾我的生活……

老鼠损耗物品，除为食用，还有个不得已的原因。老鼠属于动物界中的啮齿目，这一目动物的基本特征一致，除都具有两上两下四个齿形门齿而无犬齿之外，还有个突出特点——齿髓腔不封闭，故门齿能一直生长。为抑制门齿生长，老鼠就只能经常啃咬硬物了，正因如此，旧时人家家中鼠多，衣柜、书本便常被它们啃得粉碎。

除了损耗物品，老鼠还传播疾病。老鼠能够传播的疾病至少有三十种，其中最可怕的是鼠疫。鼠疫早在两千年前即有记载，而1793年云南师道南所著《死鼠行》中描述当时"东死鼠，西死鼠，人见死鼠如见虎。鼠死不几日，人死如圻堵"，鼠疫之害，令人惊悚！

老鼠德行不佳，招致很多骂名。在很多成语中就可见，如鼠目寸光、鼠窜狼奔、鼠肝虫臂、鼠窃狗盗，这些成语无一不是人们借鼠的卑劣来说事。人类不仅用语言泄恨，也采取了实质性的行动，欲将老鼠置之死地而后快，种种灭鼠高招层出不穷，官方也曾将老鼠列入"四害"，掀起大规模的灭鼠运动。

然而正所谓"敌在明处，我在暗处"，鼠类自有办法对付自称"万物之长"的人类，长期从事偷盗行为的它们早已练就一身的本领。老鼠啮食，总是小心翼翼、吃吃停停，一旦有点儿风吹草动，耳聪目明的它们立即溜之大吉。

此外，老鼠还有一种特殊的能力，能把对某事物的厌恶遗传给下一代。这样，发生在上一辈老鼠身上的悲剧，绝不会在下一代老鼠身上重演。就是依靠这些本领，鼠族日益昌盛。据科学研究，成年的老鼠还对人类的话语有所反应，其智商甚至接近七八岁儿童的水准。

如此看来，造物主是公平的，老鼠行窃是本性使然，上天也宽容地赋予了它足够的生存本领。而人类亦是宽容的，其实，撇去老鼠阴暗的那一面，它身材娇小，四肢灵活，圆头细爪，外表尚有几分可爱，而它探头探脑、遇事飞快开溜的模样让人类既生气又无奈，还感觉有几分滑稽。所以人对鼠的情感，也是矛盾的，虽有厌恶，也有喜爱。中国有一支家喻户晓的童谣："小老鼠，上灯台，偷吃油，下不来。叫妈妈，妈不来，叽里咕噜滚下来。一滚滚到油缸里，爬呀爬呀出不来。"童谣里，老鼠是一副多么单纯可爱的形象！

■ 肖鼠的发展与习俗

1. 鼠的形象发展

从单纯的动物形态到鼠首人身，再到完全的人形象征，在漫长的历史文化长河中，生肖鼠的形象经历了由写实到象征的演变，而生肖鼠的文化内涵也随着其形象的改变而日益丰富。

据考古发现，生肖鼠的形象并不是从一而终、确定不变的，而是在体态上有一个逐步发展演变的过程。从子鼠的形象开始出现，大致经历了三个阶段的发展：

第一，写实阶段。最早的子鼠形象是以动物形态出现的。发掘于山西太原北齐武平（570 年）东安郡王娄睿墓十二壁画中的子鼠形象，就是纯粹的动物形态。在汉代铜镜背面的装饰图纹中，已经出现十二地支的铭文，但只有文字，并没有出现作为表征的动物图像，从隋代开始，铜镜图纹中便有了十二生肖的动物形象，这些生肖动物的形象是在镜的外区以环形装饰的形式出现的。其中，"子"就是尖嘴长尾、体态灵活的鼠。

第二，鼠首人身阶段。鼠首人身的十二生肖俑在隋代已开始出现。1982年在湖北武汉东湖岳家嘴发掘的隋墓中，就有兽首人身的十二生肖俑。其中的子鼠为灰陶，鼠头人身，宽衣博带，拱手盘膝而坐。

到了唐代，随葬的半人半兽生肖俑已经非常普遍，其中的子俑也都是鼠首人身，细目小耳尖嘴，或拱手直立，或盘膝而坐，着实可爱。

第三，象征形态阶段。宋辽时期，墓内随葬的十二生肖俑，有的仍旧沿袭隋唐旧制，兽首人躯，但在某些地区，也开始出现完全人形的表征十二生肖动物的形象。生肖动物往往以小小的形体，或捧于人像手中，或置于冠帽顶端，成为一种完全意义上的象祉所在。山西晋城玉皇庙的元代娄日鼠塑像，就是一位贵妇人，只是手上塑有一蹲伏之鼠以表明身份。这种以手托鼠以表明身份的造像多出现在寺庙之中，是否是受佛教中北方多闻天王手托鼠鼬造型的影响还有待进一步考究。

人类历史上，各地的文明也大都经历过动物崇拜阶段，从神话学的角度来看，大致都有动物崇拜到人兽同体，直至兽为人形的发展历程，生肖鼠形象的转变同样也遵循这一发展规律。从生肖鼠形象这三个阶段的演变中可以看出，人们的心理也伴随着生肖形象的改变经历了一个由"物化"到"人化"的转变：初期人们是以物来观我，往往把自己也塑造成物的形象，随着人们战胜与征服自然能力的提高，人们逐渐开始以己观物，往往将物也附上了人的色彩，于是有人形十二生肖的出现。这一过程，也是人们在生肖崇信中由被动接受转为主观认知的过程。

2. 肖鼠的民间习俗

汉族农历中有鼠日，在正月二十五。在浙江南部一带，这一天被看作"打老鼠眼"的日子。家家户户在屋里撒黑豆打老鼠眼，据说可以除鼠患。

湖北江汉平原一带将小初夜看作老鼠嫁女日，俗称"鼠添箱"。

那一天，家家都把面饼放在暗处，并插上花，禁止舂米、磨面，还不准小孩喧哗，说是这一天惊动了老鼠，老鼠就一年跟你捣乱。

青海一些地区有"蒸瞎老鼠"的风俗。每年农历正月十四日，家家用面捏成十二只瞎老鼠，用蒸笼蒸熟，待元宵节时献于供桌，点灯烧香，乞求老鼠但食草根，勿伤庄稼，以保本年丰收。

东北地区朝鲜族有"熏鼠火"。农历正月初一，孩子们在田梗上撒下稻草，然后将草点燃。根据火势的大小预卜当年收成的丰歉。

上海崇明一带又有"老鼠数钱"的风俗。说是老鼠深夜或天晓时吱吱叫，像数铜钱的声音。人们认为此是恶声，预兆着要出祸事，故逢事须小心，最好烧香求菩萨保佑。

历史上曾有过老鼠嫁女节，一般在正月二十五晚上。当晚家家户户都不点灯，全家人静坐在堂屋炕头，一声不响，摸黑吃着用面做的"老鼠爪爪""蝎子尾巴"和炒大豆，不出声响是给老鼠嫁女提供方便，以免得罪老鼠家族，给一年带来隐患。与此相关的还有一种庆祝鼠纳妇的活动流行于全国各地，日期和方式则因地而异。江南一带是在老鼠嫁女的前夕，家家户户炒芝麻糖，或爆米花。夜晚，孩子们将糖果、糕饼、米花等置于老鼠出入的暗处，然后大敲锅盖、铁簸箕之类，为老鼠"催妆"。

《广阳杂记》里有记载："天开于子，不耗则其气不开"。从十二地支来看，天地开始分开正是子时，子时对应的是鼠，这时的鼠也最为活跃，另《类经图翼》也有记载："子者阳生之初"，都纷纷解释了鼠为什么排在首位的问题。那么老鼠为什么又叫耗子呢？"耗"在古代征收粮食时，官府以损耗为名，在应交的钱粮之外，强行多收的部分，也就是人们所说的苛捐杂税，美其名曰老鼠的罪让百姓来承担，故又称耗子。

第二节 丑 牛

■ 丑牛的生灵性情

　　牛在十二生肖里排名第二。人们常将"牛""大牛""你真牛""牛什么牛""牛气""吹牛"等挂在嘴边，之所以会出现这样的文化现象，应该与牛超常的生理特性有关。

　　牛属于哺乳纲偶蹄目牛科，下分牛属和水牛属，前者又包括普通牛（分布较广）、驼峰牛（印度和非洲等热带地区特有的牛种）、牦牛（中国青藏高原的独特牛种）、野牛（分布于美洲、欧洲等）四种。在中国，北方常见黄牛，毛为黄褐色，它属于普通牛；南方常见水牛，毛为棕黑色。

　　牛是农耕民族的祖先最早饲养的动物之一。在五千多年前牛就被驯养成为家畜，在我国山西、河南、四川等地都出土过距今五千年左右的水牛遗骸化石。牛也是游牧民族最早饲养的牲畜之一，古代北方少数民族敕勒族有一首著名的民歌《敕勒歌》：

　　"敕勒川，阴山下，天似穹庐，笼盖四野。天苍苍，野茫茫，风吹草地见牛羊。"

　　殷商时期，牛就作为一种动力资源，为人类挽犁拉车，由此扩大了耕地面积，深翻土地、精耕细作也成为可能。甲骨文中常见的"犁"

▲ 古时牛耕图

字，即像牛牵引犁头翻土的样子。汉朝应劭曾在《风俗通义》中讲道："牛乃耕农之本，百姓所仰，为用最大，国家之为强弱也。"

从历史的长河来看，牛耕的发明，大大提高了生产力水平，是人类发展史上的一个重大事件。而具体到一个家庭来讲，过去牛是一个农业家庭的主要劳动力，它陪主人起早贪黑，勤恳劳作，任劳任怨，因而农民家庭都将其视为家中宝，甚至心头肉。

牛体格健壮，性情执拗，所以今天人们形容一个人体格好，常说他"壮得像个小牛犊"，而说他脾气大，就会说他是"牛脾气"。

由于牛本身的特点，斗牛活动存在于古今中外，受到很多国家人们的喜爱。人与牛博斗的传统，我国古已有之，在河南南阳出土的汉画像石上，就有人牛相斗的场面。两牛相斗，也是常见的斗牛方式。

在我国，以浙江金华斗牛最为有名。金华斗牛，历史悠久，相传始于北宋明道年间，根据文献记载，当时的斗牛盛会，观众多达千万人。此风最盛的是金华北乡，从每年春播结束后的"开角"进行一年中的第一次斗牛，一直延续到第二年春耕前"封角"的最后一次斗牛为止，除农事大忙稍有间断外，几乎是一月一大斗，半月一小斗。战国时期，齐国田单曾布火牛阵一举击败燕军，利用的也是牛的骁勇。

西班牙斗牛举世闻名，英勇无畏的斗牛士手持红色斗篷在公牛眼前晃来晃去，灵巧穿梭，而被激怒的公牛的尖角犹如利刃多次与斗牛士擦肩而过，引起观众阵阵惊呼，非常惊险刺激。许多看过斗牛表演的人以为是斗篷的红色刺激了斗牛，使之易怒，殊不知公牛其实是色盲，无论你拿什么颜色的布静止地展现给它，斗牛都是没有感觉的，只有摇动的物体才能激起它们的斗志。

不过，大多数时候，牛其实还是一种平静温和甚至温情脉脉的动物。田间休息时，它悠闲地嚼着草儿，呈现出一幅自在安然的画面。

中国古代思想家老子骑一头青牛出函谷关（今河南与陕西交界处）西行，为后人留下不朽的哲学名著《道德经》，他选牛为坐骑颇有道理，牛儿安闲的气质正与老子逍遥的精神相吻合。

成语"对牛弹琴"中认为牛是不解风情的动物,实则不然,牛通人性,它虽不能言语,却对生活和主人有着浓浓的依恋和不舍。当其年岁渐老,即将被宰杀时,两眼会一直不停地流淌泪水,面对此情此景,宰牛人也不得不将牛头裹住再杀。而宰杀牛也是农民最不愿做的事情之一,他们认为,杀掉劳苦功高的牛,是有损阴德的。

■ 肖牛崇信的发展

在人类发展历史上,由于牛对于人们生活的重要性,人们奉牛为神,为牛立节日,进行相关的祭祀和娱乐活动,形成了诸多肖牛崇拜信仰。

牛作为民间的保护神,源于远古时期的图腾信仰。北魏郦道元的《水经注·渭水注》引《列异传》称牛王本为南山大樟,被人盗伐,"树断,化为牛入水,故秦为立祠"。后来,逐渐人格化,演变为牛首人身,又讹为伯牛。《古今图书集成·神异典》卷五四引《蓼花州闲录》记载:"明中原来者,云北方有牛王庙,画牛百于壁,而牛王居其中间,牛王为何人?乃冉伯牛也。"近代民间供的牛栏神也是拟人化的神灵。

由于牛的种类以及牛的生活区域的不同,各个地区对于肖牛的崇信也是多种多样。云南大理七里桥葭蓬村白族村民世代以黄牛为本主,每年二月二十三日祭祀黄牛,该村也不猎杀、役使黄牛,禁食牛肉。拉祜族认为牛有灵魂,牛生病后要敲击牛槽,或者迁徙,严重者请巫师替牛招魂,即在大门口或牛跌伤的地方杀鸡、做粑粑,念道:"牛魂回家吧,外边风雨大,没处躲,有老虎,家有吃的,有牛栏,你顺着路回来吧。"

人们相信牛有灵性,衍生出一种牛魂石信仰。黎族每到七月或十月牛节,人们就会把家藏的牛魂石取出来,用酒洗石,人们认为经过牛魂石泡的酒是福酒,喝了福酒,既有助于人的健康,又有助于牛群发展。

在游牧民族中,还有一种崇拜牛乳房的风俗流传。在蒙古包入口内,有男女坐席之分,其中妇女坐席的上方,必挂一个母牛的乳房。

后来东蒙地区流行用羊毛织编牛乳房，然后镶一块布，挂在蒙古包内，由人们定期祭祀。在蒙古族人民看来，牛的乳房不仅是母牛的标记，也是产乳的地方，必须拜祭才能丰产乳汁，否则将危及牧民们的生活。

牛神崇信的不断发展，逐渐加深了人们对于丑牛的感情，各种各样的牛王节也在不同的地区逐渐流传开来。汉族人民大多崇拜牛王。湖北地区以八月十五日为牛王生辰日，当天必须要剥芋头做羹吃，名为"牛羹"，有的地区直接喂牛吃芋头。四川地区以十月一日为牛王神生日，人们做糯米粑粑，粘在牛角上，当天不让牛做活，黄昏时牵牛转弯，晚上让牛在水田边照身影。壮族称牛王节为牛魂节、脱轭节、开秧节等，在四月八日、五月七日、六月六日、七月七日等都有相关活动。壮族人民每年四月八日在牛栏设祭台，打扫牛栏，撒石灰，垫干草，让牛休息一天，并会把牛拉到河里洗澡，或者以艾叶洗牛身，能除虱、压惊和定魂，同时杀鸡，做五色饭，全家围桌共餐，并牵牛转桌一周，给牛吃五色饭、甜酒、绿豆粥、鸡蛋汤，小孩还把红纸挂在牛角上，向牛祝福。

从图腾崇拜到动物之神，再到兽首人身，最后是牛王的人格化以及形形色色的牛王节的出现，人们对于肖牛的崇信是越来越深，对丑牛的感情越来越深厚，反映出牛在人们心目中崇高的地位。

其实在《说文解字》中是这样解释的："牛，大牲也。凡牛之属皆从牛"。例如：牡：指的是公牛，牝：指的是母牛，特：指的是专门用来祭祀的小公牛。

第三节 寅 虎

■ 寅虎的生灵性情

若说非洲兽王是狮子，那么老虎当之无愧是亚洲兽王。在中国人的认识中，很早就认为虎是百兽之王。中国最早的字典《说文》中曰："虎，山兽之君也。"汉代应劭的《风俗通义》也说："虎为阳物，百兽之长也。"

古代有不少文人争相描摹山林霸主的姿态，《格物论》中的一些描述就很精彩：

"状如猫而大如牛，黄质黑章，锯牙钩爪，须健而尖，舌大如掌，生倒刺，项短鼻齆"，"凡虎夜视，一目放光，一目看物。声吼如雷，风从而生，百兽震恐。"

古生物学研究表明，虎起源于地质年代的第三纪，由古肉食动物中的真猫类进化而来，它的存在已有两百多万年以上的历史了。

在动物学分类上，虎与狮、豹同属哺乳纲大型猫科动物。它的原产地是欧亚大陆北部，后来因为气候突然变冷，就向南迁徙，经我国、印度直至东南亚地区。根据身体结构、产地、生活习性、毛色等不同，虎又分为东北虎（又称西伯利亚虎或黑龙江虎）、华南虎、印度虎、中亚虎（又称南亚虎）、苏门答腊虎、

▲ 山林霸主

爪哇虎、里海虎和巴厘（岛）虎八个亚种，其中后三种已经灭绝。

现代虎身长 1.4 米到 2.8 米，尾长可达 1.1 米，体重为 160 千克至 230 千克，重者甚至达到 380 千克。前述八个亚种中，东北虎体型最大，苏门答腊虎最小，前者体重超过狮子，甚至是小体型热带虎的两倍。

虎在自然界中处于食物链的最顶端，以大中型食草动物为食，也会捕食其他食肉动物，曾有攻击捕杀亚洲象、犀牛、鳄鱼、豹、熊等大型动物的记载。

虎是独居动物，每只成年虎均有自己的领地，甚至雌雄之间平时也互不往来，各自在自己的区域内活动，只有到发情的时节才聚合在一起，交配后又各奔东西。虎不仅不允许其他成年虎侵犯自己的领地，即使其他食肉动物，诸如豹、狼群等，也都会受到一定压制。

虎的爆发力大，跳跃能力强，一跳约五六米远，有粗壮的牙齿和可伸缩的利爪。虎的捕食本领高强，头脑机敏。老虎遇到猎物时会伏低，并且寻找掩护，慢慢潜近，它的脚上生有很厚的肉垫，在行动时声响很小，机警隐蔽，等到与猎物处在合适的攻击距离时，它突然跃起，攻其背部，这是为了避免遭到猎物反抗而伤及自身，紧接着它就用锐利的犬齿咬断猎物咽喉。整个捕食过程老虎异常凶猛，动作干净利落，以图消耗最小的能量，得到最大的收获。

虎还有不少其他本领，比如游泳，它一次可以横渡三至五公里的河面；它能模仿鹿鸣，将鹿引来以便捕杀；它还会"挂爪"，就是在某处留下自己的足迹，作为与同类或其他兽类联系的信号。民间有个广为流传的故事，说的是虎的这些本领其实是猫教的：

猫原本是丛林中本领最高的动物，老虎前来拜师，猫便将本领悉数传给了它，可是谁知老虎学成之后竟然与猫反目，打算将猫置之死地，幸亏猫当初长了个心眼，留了最后一手——没有教老虎上树，才躲到树上，逃过了一劫。

当然这只是个故事，不过在生活当中，它倒真的被不少当师傅的拿来引以为戒，不敢将看家本领传于徒弟，以防"教会徒弟，饿死师傅"。

古时，人们就崇尚虎的力与勇，将英勇善战的将士称为"虎将"，将英雄好汉称为"虎贲"，出兵作战之时，战士身穿虎纹衣服，刀剑上刻虎，兵车和战旗上也画虎。这些都反映了人类期冀通过与虎相类，来获得虎一样的能力的心理。

然而，人作为自然界最高级的动物，免不了要与虎一斗，且这场争斗很早就开始了。中国陕西蓝田公主岭曾出土虎化石——虎的上颌骨及不完整的下颌骨，在发现时，虎的上颌骨和蓝田人的头盖骨紧紧合在一起。正如明代刘伯温在《说虎》中所分析的，"虎之力，于人不啻倍也。虎利其爪牙，而人无之。"人在生理上的劣势决定了在距今至少一百万至两百多万年前的那场搏斗中，人死虎口。

然而人终究是高等智慧生物，"虎用力，人用智；虎自用其爪牙，而人用物"，数百万年来，人与虎的争斗从没有停止。而今，人类终于将虎这个威风凛凛的森林之王逼到了死角。

值得深思的是，作为处于食物链顶端的一种动物，虎的存在其实表明了一种天然的生态平衡，而今，百兽之王的踉跄脚步是否又昭示着人类终将会由于毁坏家园而自食其果？

■ 肖虎的民间习俗

在我国汉代就已经有除夕画虎于门的风俗，用以辟邪镇宅，这已经成了民间的传统。经历了漫长的时间，虎的形象逐渐丰富，由繁化简地符号化了：驱邪与祈福，这就是虎形象的民俗含蕴。古人常让孩子穿虎头鞋，戴虎头帽，睡虎头枕，希望虎能庇护自己的孩子健康成长。

1. 象人斗虎

在古代，有一种象人斗虎的游艺活动，由人扮演的虎与人相斗。这种游艺活动在汉代就已经非常普遍，汉代墓室的画像上就有反映：象人头戴面具，狰狞凶恶，虎为真实的动物形象，奔腾跳跃，与人展开生死搏斗。据《尚书》记载，用人表演兽类的方式早在4000年前的虞舜时期就已出现，时称"百兽率舞"。秦汉时期，戴着面具的象人已进入百戏表演当中。据东汉张衡的《西京赋》记述，象人头戴面具在清扬激越的鼓瑟声与长歌声中戏舞虎豹。

唐代以后，象人斗虎逐渐由舞狮所取代，但在南方客家人居住的地区，依然保留着由象人斗虎发展而来的舞虎习俗。中国台湾地区在庆祝庙宇落成或是妈祖诞辰时，也要举行舞虎的活动。其他如民间的"跳大虫"表演以及"舞虎灯"等都是对象人舞虎的继承和发展。

2. 虎门神

人们认为虎的威猛是一切恶人恶鬼所畏惧的，因此就常常将虎作为门神以看守门户、趋避邪祟。每到除夕，人们便在桃木板上写上象征虎神的神荼、郁垒的名字，或画上虎头挂于居室门外，表示镇压恶鬼的神虎在此守卫，一切妖邪和恶鬼休想进门。春节期间，华北地区喜欢在房屋正厅悬挂《镇宅神虎图》，图上往往有诗曰："神虎下高山，降魔到人间。善家买了去，四季保平安。"或曰："虎是兽中王，除邪到下方，贵府请了去，万事大吉昌。"这些都表达了人们祈求得到虎神保佑的美好愿望。

3. 虎衣与虎玩具

民间往往把五月视为毒月、恶月、凶月，认为五月正值多雨，瘟病滋蔓，是毒虫四出、邪恶聚集的季节，对人尤其对抵抗力弱的小孩不利。虎为百兽之王，百虫鬼魅都要躲避老虎，所以妇女们每到五月便会给孩子们制作许多与虎有关的辟邪之物，如虎肚兜、虎头帽、虎头鞋等。虎肚兜上多绣五毒图案，正中部位则绣一怒目圆睁的老虎，颇有神威。虎头鞋鞋头绣一虎头，重点突出"王"字。民间认为这样可以使小孩壮胆辟邪、健康成长，也寓意小孩长命百岁。虎头帽的形制与虎头鞋相似，孩子脚穿虎头鞋、头戴虎头帽，通体虎虎有生气，百

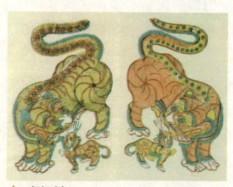
▲ 虎门神

中国古代生肖文化

病百害皆会回避。这些虎形的衣服既倾注了母亲对孩子的情与爱，又寄予了母亲希望孩子能够健康成长的美好愿望。

民间有一种习俗，在端午节给孩子们做布老虎玩具。布老虎形式多样，有单头虎、双头虎、四头虎以及子母虎、枕头虎等等，布老虎往往头大、眼大、嘴大、身小，显示出老虎勇猛威严的神态，但又不失孩子般的天真和稚气，很讨孩子们的喜欢。家长制作这些布老虎，希望自己的孩子能够像老虎一样勇敢强健，也祈求老虎能够成为孩子的保护神，保护孩子的健康和安全。

4. 生肖虎的育儿习俗

汉族当中许多育儿习俗与虎有关，如用虎骨水给新生婴儿沐浴，据说可保婴儿一生无病；穿虎头鞋以祈求孩子幸福健康、长命百岁。陕西省西府等地有送布老虎的育儿风俗，婴儿过满月时，舅家要送去一只黄布做的小老虎，以祝愿孩子将来像老虎一样威武强健，进大门时要把布老虎的尾巴折断一截丢在门外，以祝愿孩子在成长过程中无灾无难。山西各地则流行送老虎枕头的习俗，每逢孩子过生日时，舅舅家要送外甥一对老虎枕头，既可以枕着睡眠，又可以当做玩具，还表示吉祥的祝福。

第四节　卯　兔

卯兔的生灵性情

兔，头部略像鼠，具有管状长耳，有三瓣嘴，上嘴唇中间裂开，簇状短尾，有比前肢长得多的强健后腿。兔是哺乳动物，有九属四十三种。兔子可大致分为野兔和家兔两种，后者由前者进化而来。

根据考古学家发现的化石，兔的历史可以追溯到三千万至四千万年以前。至两百万年前，兔仍然在欧洲广泛地繁殖，但后来到了冰河时期，为了躲避严寒的天气，它们迁移到了欧洲西南部地区。公元前1100年左右，兔子被腓尼基商人首先在西班牙发现，后来他们将之运送到了世界各地。

中国人跟兔子打交道的历史由来已久。上世纪70年代，在北京周口店遗址发现了比北京猿人晚些、比山顶洞人早些的"新人"居住的"新洞"，新洞里的动物化石中就有野兔化石，洞里还有用火的痕迹，可以推断烧兔肉已是当时人们的美食之一。在殷商甲骨文中，有象形字"兔"；根据商代甲骨卜辞中记录，当时的狩猎对象有象、虎、鹿等九种，兔也在其中。

兔的价值在其肉及皮毛，也在其外貌体态。早在先秦孝成王时，中国已经有了园囿养兔，到西汉梁孝王时，还出现了专门的兔苑，这些兔都是专门供皇帝观赏的。而今，国内宠物店销售的兔有荷兰兔、荷兰垂耳兔、安哥拉兔、中国白兔等不少品种。

说到白兔，"小白兔，白又白，两只耳朵竖起来，爱吃萝卜和青菜，蹦蹦跳跳真可爱"，这首童谣我们每个人耳熟能详。雪白长耳的白兔温婉娴静，着实惹人喜欢。

▲ 红眼睛兔子

其实，中国的家养白兔是明崇祯帝时由海外引进的。在明以前，白兔极少见到，正因如此，那时人们对白兔推崇备至，甚至想象兔子的寿命有千岁，只有活到五百岁的，皮毛才会变成白色。兔的出现，被视为帝王仁德的瑞兆，所以但凡有人发现白兔，便被当做宝物进献给朝廷。

白兔的眼睛是红色的，这一点令人印象深刻。究其原因，跟其体内的色素有关：体内含灰色素的兔，毛和眼睛便为灰色；含黑色素的兔，毛和眼睛便是黑色。不过白兔体内不含色素，它的眼睛其实是无色的，我们看到的红色是它眼球中毛细血管的颜色。

兔的雌雄较难辨别，所以古人对兔的性别曾有些荒谬的认识。如古希腊、古罗马和犹太学者认为兔不分雌雄，或者兼具雌雄两性；中国古人也曾认为只有月中玉兔是雄性的，天下的兔子都是看到月中兔而受孕。这些谬误的产生也在情理之中，因为雌雄两性兔子的生殖器外形区别并不太明显。

当然，错误的观念并没有持续太久。南北朝时的著名叙事诗《木兰辞》中有一句："雄兔脚扑朔，雌兔眼迷离，双兔傍地走，安能辨我是雄雌"，说明那时兔分雌雄两性已是人们的常识。

温婉的兔子，有很多优点，首先是跑得特别快。我们都听过"龟兔赛跑"的故事，其中的兔子明明稳操胜券，却"大意失荆州"。古代传说中有种仰面朝天飞的飞兔，也称飞鼠，大概是人们根据兔的特点幻想而来。《山海经》中提到了它："天池山有兽如兔，鼠首，以其背飞，名飞兔。"分布在河南西部和山西南部地区的二里头遗址曾经出土过一件带有仰身兔图案的陶片，陶片中兔子在龙蛇上方，龙蛇是腾云驾雾的，因而可以推断这只兔大致就是飞兔。

兔是种机灵的动物。野兔知道猎犬是依靠嗅觉追踪目标的，因而有绝妙的逃脱办法。比如它会向前奔跑较长距离之后，再沿原路返回奔跑一段，然后横向跃入草丛隐藏起来，猎狗却不知道，它会一直追踪到野兔曾到达的最远的地方。据说在打猎时，猎犬一看到野兔就会兴奋异常，不听猎人使唤，但常常劳碌半天无功而返。遇到这种情况，猎人也很无奈。

"聪明"有个同义词，那就是"狡猾"。有个成语叫"狡兔三窟"，形容为保命而准备多个藏身之处，这的确是兔的习性之一。兔的巢穴是相通的，有多个出口。而猎人也利用兔的这个特点想出一个捕兔妙招，在一个洞口点火烟熏，在其他洞口等兔子自己跑出来，真可谓，再狡猾的兔子也逃不出猎人的猎枪。

食草而体格较小的兔在动物世界当中处于劣势，所以，以上特点无疑是只为自保，但是弱小的兔子也有反抗的时候，所以人们常说"兔子急了还咬人呢"。

科学研究发现，兔也有表情语言——当兔子咕咕叫时，代表正在生气；发出喷气声，代表兔子觉得某些东西或某些行动令它受到威胁；用脚尖站起，表示警觉或警告，它会保持这动作直到危险过去。

不过，兔也有友好表示——舔主人的手代表感谢；边跳跃边前后抽动尾巴表示调皮，告诉主人"你不会捉住我"；把鼻子和身子靠近笼边，表示想要食物或放风；侧睡并把腿伸展，代表它们感到舒适和安全。

肖兔的民间崇信

也许是由于肖兔身躯的弱小以及本性的善良和温和，才普遍受到了人们的喜欢。虽然不像其他生肖动物一样影响力那么大，但是无论是在图腾崇拜还是人们的传统节日甚至生活禁忌当中，依然都有生肖兔的影子。

野兔在先民们的生活当中并没有产生什么重大的影响，而且野兔被人们驯养成家兔的时间也并不早，所以生肖兔的崇信并不如十二生肖之中其他动物那样普及，即便是这样，在民间习俗当中对于生肖兔的崇信也是多种多样。

1. 兔图腾与兔神

在中国历史上，华夏民族的图腾崇信中很少有兔图腾，以兔为神也是较晚才出现。道教"六十甲子太岁星君"即"本命元辰星君"当中有五位是属兔人的保护神，依次是：丁卯太岁沈兴大将军、己卯太岁龙仲大将军、辛卯太岁范宁大将军、癸卯太岁皮时大将军、乙卯太岁万清大将军。这五位大将皆为兔的模样，或穿宽袖长袍，或顶盔贯甲。在佛教经典中兔是作为神兽出现的，如：伐折罗神将的坐骑是兔；东海金山有净道窟，窟中有一兔。

在中国一些少数民族当中，可以找到一些以兔为图腾或以兔为神的例子。德昂族的寨旗大多是由原始的图腾演变而来的，兔是其中之一。傈僳族的氏族图腾多达50余种，其中就有兔图腾。碧罗雪山上的傈僳族有24个姓氏，是为图腾姓氏，其中有兔。纳西族中的摩梭人也曾经以兔为图腾。

虽然兔作为图腾或是神仙的地位并不算高，但兔子名列仙班的历史却很悠久，在很早的时候，兔就居于天上，与众神平起平坐。在河南密县出土的汉墓门洞的画像石上，就刻有兔与仙人一起在天上奏乐的画面：二仙人、二仙兔、一飞马、一熊。其中两仙兔踞坐，各以右前爪执管状乐器，举于唇边，吹奏乐曲。

2. 兔的风俗

"挂兔头"是古代汉族就有的岁时习俗。每年农历正月初一，人们用面做成兔头，以竹筒盛雪水，与年幡、面具一起挂在门额上，镇邪驱灾。另外还有赠兔画的育儿风俗，画

△ 玉兔捣药

中有六个小孩围着一张桌子，桌上站一手持兔子吉祥图的人，祝受赠的孩子将来生活安宁，步步高升。

正月十五的元宵节也称灯节，其中的兔灯就是动物造型灯中的佼佼者，深受孩子们的喜爱。山东有些地方以豆面捏灯，称为面灯。这些面灯往往是由孩子的姥姥或是母亲制作，她们按照家庭的属相为每人捏制一个，其中自然少不了兔灯。到了晚上，全家一起点燃，表示合家团圆，其中也有消病驱灾、祈求人口兴旺的寓意。

由于"玉兔捣药"传说的缘故，人们常常把兔看做是"月精"、"月魄"，兔也因此与中秋祭月联系了起来，常常受到民间的供奉。明人纪坤《花王阁剩稿》记载："京中秋节多以泥抟兔形，衣冠踞坐如人状，儿女祀而拜之。"这记述的是兔儿爷。到了清代，兔儿爷的功能已由祭月转变为儿童的中秋节玩具。

明清时期，在中秋月饼上绘兔已经非常普遍。明末彭蕴章在《幽州上风俗》中写道："月宫饼，制就银蟾紫府影，一双蟾兔满人间。悔煞嫦娥窃药年，奔入广寒归不得，空劳至杵驻丹颜。"清代富察敦荣在《燕京岁时记》中说："至供月饼，到处皆有，大者尺余，上绘月宫、蟾兔之形。"

3. 兔的禁忌风俗

在中国许多地方都存在着孕妇不能吃兔肉的禁忌。人们认为，孕妇吃了兔肉，胎儿就会像兔子一样长成三瓣嘴。这种说法早在东汉王充《论衡·命义篇》中就已出现："妊妇食兔，子生缺唇。"内蒙古西部地区的一些农村当中流传着"打狐狸、套兔子，一辈子穿不上好裤子"的说法，认为残害兔子这样的生灵就会交不到好运，得到应有的报应，来世还会转为所杀的生灵。

其实，这些说法都是毫无科学臆据的，只是人们根据兔子的形象特点所主观臆想出来的结果，不足为据。

4. 兔神曾被赶出天庭

纳西族中的一个分支喇氏族认为虎是他们的祖先，而兔子也曾经是他们的神。传说天神格尔美创造了天地和万物，却还没有造人。天神格尔美要派一个神到地上去创造人类，众神害怕大地根基还不稳固，灾害又多，都不敢应声。格尔美只好点名指派，他对兔神说："你在天上是最机灵的神，又能说会道，看来派你去创造人类是最合适的了。"兔子摇头摆耳，做出一副哭相说："我这几天害眼病，什么东西都看不清，别说到大地上去造人，连吃饭睡觉都要别的神来照顾，还是派别的神去吧。"天神格尔美听了很生气，说："看起来，你是个只会说大话的胆小鬼，你还有什么资格在天上做神，享受仙果、仙肴？你只配去吃草。"众神之王格尔美的话一一应验。从此之后，兔子就变成了胆小的食草动物。

第五节 辰 龙

■ 辰龙的生灵性情

在十二生肖中，只有龙存在于人们口中，现实中是不存在的。中国人通过集体想象，塑造出了龙的形象、龙的脾性乃至于龙的家族和家庭。

在中国商、周、战国时期的青铜器上，我们能看到不同形态的龙，这是因为在中国古人的想象当中，龙跟其他真正存在的动物一样，既分不同种类，也因成长时期不同而呈现出不同的体态习性。

许多古籍中都提到过不同种类的龙。如《广雅》云："有鳞曰蛟龙，有翼曰应龙，有角曰虬龙，无角曰螭龙。"《方言》曰："龙未升天曰蟠龙。"

相传蛟是种能发洪水的有鳞的龙，它得水即能兴云作雾，腾跃天空。宋代的《墨客挥犀》将其描述得更为具体："蛟之状如蛇，其首如虎，长者至数丈，多居于溪潭石穴下，声如牛鸣。"

清代·铜螭龙

有翼的龙称应龙，《述异记》记述："龙五百年为角龙，千年为应龙"，可见应龙为龙中之精。

虬龙是传说中一种有角的龙，《楚辞·天问》有："焉有虬龙，负熊以游？"

螭龙是无角的龙，《汉书·司马相如传》中也有"赤螭，雌龙也"的注释，出土的战国玉佩上则有龙螭合体的雕刻图案，意为雌雄交尾。

蟠龙是蛰伏在地尚未升天之龙，呈盘曲环绕状。我国古代建筑中，盘绕在柱上和装饰在梁上、天花板上的龙一般称为蟠龙。此外，龙的家族还有虺、夔等种类。

汉《说文》云："龙，鳞虫之长。能幽能明，能细能巨，能短能长，春分而登天，秋分而潜渊。"《三国演义》中，曹操煮酒论英雄时曰："龙能大能小，能升能隐；大则兴云吐雾，小则隐介藏形；升则飞腾于宇宙之间，隐则潜伏于波涛之内。"根据唐代志怪小说《集异记》，龙在缩小时像琴弦那样细，被人发现后，又电闪雷鸣，破天而去。升则起于天空，隐则介乎无形，龙有如此气魄，如此能力，怎能不让人心生羡慕！

除了家族，龙也有家庭。先说龙子。民间有"龙生九子"的说法，清高士奇《天禄识余·龙种》载："俗传龙子九种，各有所好，一曰赑屃（bì xì），形似龟，好负重，今石碑下龟趺是也；二曰螭吻（chī wěn），形似兽，性好望，今屋上兽头是也；三曰蒲牢，形似龙而小，性好叫吼，今钟上钮是也；四曰狴犴（bì àn），似虎有威力，故立于狱门；五曰饕餮（tāo tiè）好饮食，故立于鼎盖；六曰蚣蝮（bā xià），性好水，故立于桥柱：七曰睚眦（yá zì），性好杀，故立于刀环；八曰金猊（jīn ní），形似狮，似好烟火，故立于香炉；九曰椒图，形似螺蚌，性好闭，故立于门铺。"

有句话说"龙生九子各有不同"，九子脾性不同，各有爱好，可惜都不成龙。

再说龙母，传说浙江温州有位姑娘将石头吞入肚中，生下小龙。小龙一边游入大海，还一边回头张望母亲，于是温州就有了一个"望娘滩"，江边还有一座龙母庙。唐代传奇小说《柳毅传》中则提到了龙女，这里的龙女是龙被拟人化后的产物。她本是洞庭龙王的女儿，被嫁与泾河龙王之子，因夫家虐待做苦工，被主人公柳毅搭救，后与柳毅结成连理。

龙王自然是要讲一下的。据说凡是有水的地方，不论江河湖海，还是池井潭渊，都有各自的龙王。佛教经典《大云请雨经》上说，共有一百八十五位龙王，都是兴风致雨之神。《西游记》中有四海龙王：东海，沧宁德王敖广；南海，素清润王敖钦；西海，赤安洪圣济王敖闰；北海，浣旬泽王敖顺。

在早些时候，中国人的观念中是没有龙王这个神灵的，只有龙这种神兽。龙王是随佛教的传入才进入我国的，后来也被道教纳入其中。在佛教和道教的共同影响之下，民间才渐渐认可了它。再后来，宋徽宗亲自给天下五龙神封了王位，龙王在人们心目的地位便更加稳固了。

龙在世间也有其处所，《括地图》曰："龙池之山，四方高，中央有池，方七百里，群龙居之；多五花树，群龙食之。"可见，这是一处天然的乐园。而拟人化后的龙的住所就华丽多了，《柳毅传》中对洞庭湖龙宫有一段描述："白璧为殿柱，青玉为台阶，珊瑚做床，水晶做帘，翠绿色门楣上镶嵌着琉璃，彩虹般的屋梁上装饰着琥珀……"龙宫真比皇帝的宫殿还要有过之而无不及。

■ 肖龙的民俗文化

由于龙在中华民族中的崇高地位，龙已经渗入到了人民生活的各个领域，无论是人们的社会生活还是精神生活，生肖之龙都留下了深深的烙印，民间习俗中的肖龙文化也因此而绚丽多彩。

数千年来，龙的观念、龙的信仰早已深入人心，从不曾间断与衰退过，使得深入到人们社会生活和精神生活当中的生肖龙文化有了一层更加深厚的文化意义。

1. 龙 节

一年四季当中，中华大地上不同的民族和地区的龙节不断：正月，云南的瑶族、哈尼族、基诺族有"祭龙节"，武昌有"祭龙会"，以长绳为龙进行拔河比赛。二月，汉族有龙节，俗称"龙抬头"，时间为农历二月初二。这天，妇女们会将彩纸、草节穿成串悬于门梁上，谓之"穿龙尾",表示龙尾下垂、龙头向上之意。当天食饼称为"龙饼",食面称为"龙须面",食菜团称为"龙蛋"。三月,山东沿海祭祀海龙王,纳西族、土族举办龙王庙会,江浙一带为白龙王过生日。四月,山西大同有"雷音寺庙会",云南中甸藏族有"祭龙王节"。五月,吴越地区有"分龙日",可兆丰年。六月六日为传统的"晒龙袍日",家家户户都把被褥衣服等拿出来曝晒,祈求消灾免祸。七月,湘西苗族举行"踩芦笙堂会",纪念寨民为青龙找到了降雨宝珠;江苏无锡有"龙娘庙会",认为小白龙会驾雨而归,看望亲娘;云南河口瑶族有"龙母上天节",送龙母上天。八月,河口瑶族有"龙公节",恭送龙公上天。安徽有"龙灯会",扎制草龙,龙身插满长寿香,称为"活龙"。九月和十月,湘西苗族要举行隆重的"接龙节",每家都要从洞中接回自己的"龙",安放在自家堂屋或是寨子中央,青年男女还要对唱"龙歌"。进入腊月,云南哀牢山的哈尼族会在龙树下举行"祭龙会",选村中最有威望的人为"龙头",宰杀毛色纯正的"龙猪",然而把桌子相连,"龙猪肉"放于其上,形成"长龙宴","龙头"率领人们唱歌、跳舞,送神归位。

2. 舞 龙

舞龙,又称玩龙灯、龙灯会等,是广泛流传于民间的娱乐性活动。舞龙的品种多种多样,有竹龙、布龙、纱龙、纸龙、百叶龙、铁皮龙等。龙体内燃上蜡烛,就成了"龙灯"。宋代吴自牧的《梦粱录》中就有了关于龙灯的记载:"元宵之夜……草缚成龙,用青幕遮草上,密制灯烛万盏,望之蜿蜒如双龙之状。"

重庆铜梁过去有春舞青龙、夏舞赤龙、秋舞白龙、冬舞黑龙的规矩,现在舞的大多为彩色的龙。舞龙队伍每走到一家门口都会停下来,向主人点头问好,主人则放鞭炮欢迎,以糖果答谢。广东佛山也有舞龙的习俗,佛山彩龙往往以竹篾、铁丝做

▲ 剪纸舞龙

骨架，龙头、龙尾用纸糊，龙身蒙丝绸，并以剪纸、绒球等作为装饰，造型美观大方。

舞龙原初的用意是祈雨，发展到现在，已经成为人们表达喜庆的一种活动了。

3. 招　龙

贵州苗族认为每村每家都必须得到龙的庇护佐助，才能人畜平安兴旺，如果龙不在人畜就会四肢无力，连庄稼也会歉收。每逢重大节日，苗族都会全村人出动进行招龙的仪式。招龙仪式以猪、酒、饭为供品，用两根杉木刻雕成两条木龙，用木炭画鳞点睛。祭祀开始先要喊龙，一人插上纸衣，登上山坳，撒几粒米，高声喊道："龙起来，随我们喝酒吃肉去。"另一人吹起芦笙，边吹边往回走，引龙到祭坛附于木龙身上，将十二块肉、十二团饭置于木龙身上，众人虔诚礼拜祷告，请龙回来保佑一方平安。祭毕，人们聚集在一起跳芦笙歌，直到夜深才散。这种对龙神的信仰和崇拜，目的只有一个，就是祈福纳吉，希冀龙赐于人间风调雨顺、五谷丰登、国泰民安、富贵吉祥。

第六节 巳 蛇

巳蛇的生灵性情

蛇，身体细长，四肢退化，是无足的爬虫类冷血动物的总称。

蛇的出现很早，大约在距今一亿五千万年前的侏罗纪就出现了。到现在，蛇已经发展成为一个拥有约三千个种类的庞大家族，分布广泛，广布于除南北极、新西兰、夏威夷、亚述尔群岛等地之外的世界各地。

蛇分无毒蛇和有毒蛇两种，无毒蛇占蛇全部种类的四分之三，有毒蛇比无毒蛇出现得晚，至早是在两千七百万年前。

不同种类的蛇外形差异很大。分布在加勒比群岛的马丁尼亚、巴巴多斯等岛上的线蛇，是世界上最短的无毒蛇，只有 9 厘米长，最长的线蛇王也不过 11.94 厘米。分布在东南亚、印尼和菲律宾一带的网蛇，一般都超过 6.25 米，最长的可达 10 米左右。

与龙相似，蛇亦是一种神秘莫测的动物，但与前者不同的是，蛇的莫测是看得见、摸得着的。无论在山上、树林、草原、田野，还是水中，人们均能发现蛇的身影，蛇给人留下了无处不在的印象。其实，这是因为种类繁多的蛇早已适应了不同的生存环境。

在温润潮热的地方，蛇类尤其多，所以中国闽南一带自古蛇多，福建省的简称"闽"，其字形便是在门里供奉一条蝮蛇。

蛇是不会主动对人进攻的，但是你若不小心触碰到它，它会本能地咬你一口，尤其在山野树林等处，触到它是极为可能的。特别是毒蛇，被毒性强的蛇咬上一口，伤者可能立即毙命，所以人类不能不"谈蛇色变"。

据说早时中国人曾以"无它乎"为见面问候语，"它"便指蛇，人们见面就互相问道："昨晚遇到蛇了吗？身体没有什么伤痛吧？今天可以劳动吗？"可见蛇给古人造成了多大的困扰。而《韩非子·五蠹》中也讲到"上古之世，人民少而禽兽众，人民不胜禽兽虫蛇"。

蛇有不少令人费解之处，比如它能一口吞下比自己大得多的动物。蛇平时喜欢捕捉青蛙、老鼠等小型动物为食，但也曾有过蟒蛇袭击并吞食美洲虎的记录。蛇的进食方式也很特别，它并非一口一口循序渐进，而是不管猎物有多大，一律张开血盆大口，整个将其吞下去，再在腹中慢慢消化。

远古时代，"蛇能吞象"的神话广为流传。据《山海经》中记载，这种能吞大象的蛇叫巴蛇，它在吞进大象三年之后才会吐出象的骨头。有趣的是，宋人在《尔雅翼》中解释道，"巴"字其实就是指吃了大象的蛇，因为"巳"是古代蛇的一种写法，而"巴"比"巳"多出的那一横便是吞入蛇腹的那头象了。蛇的上述特点，被古人定义为"贪婪"，所以才有了"人心不足蛇吞象"的说法。

在人的印象当中，蛇不仅是贪婪的，也是狡猾的、冷血的。《农夫与蛇》的寓言，讲的是好心的农夫温暖了冻僵的蛇，蛇却在苏醒之后将农夫咬死的故事。这个寓言告诫人们不要对蛇及"蛇蝎心肠"的人抱有怜悯之心。总之，蛇在人的心目中，似乎代表着邪恶。

这固然有"欲加之罪，何患无辞"的成分，不过蛇的习性当中也确实有阴暗之处，比如记仇。蛇的记忆力很好，它能准确地认出曾经伤害过它的人，多年以后还会伺机进行报复。

▲ 蛇吞象想象图

蛇类当然并非一无是处。相传三国时期

中国古代生肖文化

曹丕的妻子甄后仿照蛇的盘绕姿态做成了一种名叫"灵蛇髻"的发型，巧夺天工，每日不同。而清代施鸿保在《闽杂记》中说，福州郊外的农妇头戴一种名叫"蛇簪"的银饰，它长五寸许，形状作成蛇昂首的样子，为农妇平添了几许美丽。

在南亚不少国家，有着上千年的舞蛇传统，今天仍在延续。舞蛇者把含有剧毒的毒蛇缠绕在自己的身上，蛇似乎听得懂音乐，能伴随着笛子发出的乐声翩翩起舞，舞得如痴如醉，这场景神奇而引人入胜。中国音乐家聂耳也曾创作了一支民族乐曲《金蛇狂舞》，它旋律昂扬、锣鼓铿锵，宛如一群金蛇热烈起舞，气氛欢腾。

实际上，蛇并非天生舞蹈家，它其实是听力障碍者。之所以能闻乐起舞，实际是耍蛇人演奏笛箫，笛箫下端吹出的气流刺激了蛇，蛇在气流的搔痒下才扭动起来。

蛇虽无足，却游走神速，它是依赖身上的鳞片与地面的摩擦力前行。蛇类蜿蜒盘旋和迅捷的行动姿态给了军事家很多启示，孙子认为，善于用兵者应学习"常山之蛇"，"击其首则尾至，击其尾则首至，击其中身则首尾俱至"。古时有长蛇阵，也正是模仿蛇的身形与动作而成。

蛇给人类带来的实际价值也有不少。蛇浑身都是宝，且药用价值很高。

据李时珍《本草纲目》记载，"蛇胆性凉，能去火治疮"，对治疗失眠、关节炎、咳嗽等症状都有效。蛇毒可以止血，蛇毒制成的血清是治疗毒蛇咬伤的特效药，有些蛇毒还有镇痛作用。蛇蜕下的皮叫"蛇蜕"，可入药治惊风、抽搐、癫痫。而白花蛇泡酒可治半身不遂。

此外，蟒蛇的皮蒙在胡琴、三弦等乐器的共鸣箱上，可为乐器增添美妙的泛音。蛇肉的味道鲜美，广东料理中，它被作为许多菜肴的原料，如"龙虎斗"就是用蛇肉和猫肉做成的。

古往今来，靠养蛇和捕蛇为生的人不在少数。而时至今日，由于生态环境的破坏和人类的乱捕滥杀，蛇的某些品种已经陷入濒危状态。

■ 肖蛇的传统文化

对于蛇，人们是既畏惧又崇拜，这种矛盾心理在中国民俗文化中得以充分体现。丰富多彩的蛇文化反映了蛇在人们的文化生活当中非常重要，体现了人们祈求得到平安和长寿的愿望。

从远古时期的图腾崇拜，到如今在人们生活中变得日益重要的习俗文化，蛇从来没有退出过历史的舞台，并且在人们观念当中占据着重要的位置，左右着人们的信仰，影响着人们的生活。

1. 蛇祭与蛇忌

在中国的浙江、福建一带，人们往往把蛇分为家蛇和野蛇两种，家蛇又称为苍龙、天龙、大仙、蛮家等，人们认为家蛇是吉利的征兆，不可打杀，并且家蛇盘过的米等粮食可以取之不尽、用之不竭。宜兴地区在每年的二月二、清明节、重阳节、冬至、除夕等都要举行祭祀家蛇的活动，其中重阳节是最重要的，被认为是家蛇的生日。在祭祀家蛇的日子里，人们要用米粉做成盘绕的蛇，或做成人首蛇身的形象，放入笼屉中蒸，这就是米粉蛇。蛇的周围还要放很多象征蛇蛋的小米粉团，象征多子多孙。

同时也有许多对于蛇的禁忌。旧时汉族人忌见蛇交尾，认为这是大逆不道的行为。如果看见了，就须赶快拔掉一根头发，撕掉一颗纽扣，表示忏悔，并立刻走开。贵州苗族也把两蛇交尾视为不祥之兆，如果看见，进家前就要先进厕所或是请巫师念咒攘除，否则就会把灾难带进家门。海南黎族在插秧那天忌见蛇，认为不吉利，如果遇见了回家之后就要在门楣上插上一束稻草，表示谢绝来访。

2. 游蛇灯与赛蛇神

每年农历的正月初六至二十一日，福建南平市樟湖镇都要举行隆重的游蛇灯活动，家家户户都会参加，每夜一游。蛇灯由蛇头、蛇身和蛇尾三部分组成，蛇头、蛇尾用竹篾扎成，外以彩纸裱糊，安装在长约四米的木板上，外贴鳞甲，造型古朴而夸张。蛇身由一长串灯板组成，灯板也是由竹篾扎制而成，每块灯板装三盏灯，灯上裱糊白纸，四周贴满花虫鸟鱼的图案，还写着许多吉祥的话语，灯内还插着蜡烛。一条蛇灯小的有30多块灯板，大的则有700多块，连接起来长达几百米，舞动起来流光溢彩，蔚为壮观。

赛蛇神活动一般在每年的农历七月七日举行。人们提前会把活蛇养在蓄蛇洞里，届时，人们举着过山旗，敲着清道锣，抬着活蛇王、蛇王塑像，拿着蛇王印，从蛇王庙出发游行。有人把蛇盘在脖子上，有人戏蛇于手臂，还有人戴枷锁装罪犯，认为可以消灾免病。游行队伍会走遍村落中的每一条街道，到江边以后就会把蛇放生。

3. 蛇玩具与蛇形拳

喜欢蛇、崇拜蛇，自然少不了蛇玩具，常见的蛇玩具有竹蛇和马莲蛇。竹蛇由一节节竹竿连接而成，关节灵活，看起来既具有蛇的柔软性，又具有蛇的坚硬性。手持尾部手柄，竹蛇便会蜿蜒摇摆，左右探头，几可以假乱真。马莲蛇即为用马莲的叶子编的

▲ 竹蛇玩具

草蛇，马莲蛇的嘴可以由人来控制，只要轻轻一拉蛇身，蛇嘴就会闭合，也很有趣。

蛇全身灵活，如果它的头部受到攻击，尾部就会来救援；尾部受到攻击，头部就会来救援；腰部受到攻击，头部和尾部就会一起来救援。古代军事家认为，作战时全军各部就要像蛇一样相互照应，发挥整体效应，才能克敌制胜。中国传统武术中的太极拳就是源于"鹰蛇相搏"的启发，另外，八卦掌中的蛇形拳、形意拳中的蛇形拳、少林拳中的蛇拳等拳法中都有对于蛇的动作的参照。

无论是对于蛇的崇拜的蛇祭、游蛇灯和赛蛇神，还是用来强身健体的蛇形拳以及用于娱乐的蛇玩具，都是肖蛇文化在民俗中的具体展现，都是人们对于蛇的浓厚感情的表达。

第七节　午　马

■ 午马的生灵性情

马，属哺乳纲马科动物，食草，是被人类驯化的少数几种大型动物之一。马本性勇猛刚健，然而，一旦被套上辔头，它又成了人类最忠实温顺的伙伴。

蒙古马和中原马是我国两种主要的种类。蒙古马身躯粗壮，四肢坚实有力，虽其貌不扬，却耐力极强，经过调驯的蒙古马，在战场上不惊不乍，勇猛无比，蒙古人甚为喜爱，也正是它，使蒙古族成为世界上赫赫有名的"马背上的民族"。

马约在五六千年前才被驯服，与其他家畜相比，时间较晚。据说，西伯利亚的北方游牧民族是最早驯服马的民族。中国人与马打交道的历史也比较悠久，山东章丘龙山镇城子崖遗址出土的马的遗骸表明，自四千多年前的父系氏族公社时期，中国人就开始了养马和驯马。

马由野马进化而来，它保留了祖先许多敏锐的天性。

马嗅觉发达，能区分主人和陌生人；根据粪便的气味，它可以找寻同伴，避开猛兽和天敌；在嗅到生疏或危险的信息时，它会发出短促的喷鼻声以示警备，并把这一信息通知同伴；马能利用嗅觉去摄食体内短缺的营养物质，并能在草原上辨别有毒植物或牧草，所以它很少误食毒草，还能鉴别受污染的水和饲料并拒绝食用。

所谓"老马识途"，便是依靠其嗅觉。在沙漠中行走时，马还能辨别大气中微量的水汽，借以寻觅几里以外的水源和草地。

马的听觉也很好。人类利用马的听力来对其进行调教使役。通过训练，马能顺利接收卧倒、站立、静立、注意、前进、后退等口令，也能分辨出主人在唤其名字。

唐时，观赏舞马曾是备受人们喜爱的一种活动。舞马似乎懂得韵律，这其实是人利用马对声音的敏锐反应调教得来的。据说唐玄宗时，每年都会举行舞马大典。这些舞马被金银珠宝装饰得非常华丽，它们训练有素，当音乐响起时，随着节律奋蹄鼓尾，欢腾跳跃。

站着睡觉，是马的另一个特别习性，这是从它的祖先野马那继承而来的。在弱肉强食的动物世界中，奔跑是野马唯一躲避敌害的本领，所以它时时刻刻保持警觉，连睡觉时都不敢松懈，它不会无忧无虑地卧地而睡，而只能站着打盹儿。

马的上述特性及其非凡的脚力，使其得到了人类的重视。长期与马朝夕相处，中国人对马的分类非常细致：骒（kè）是母马，驹是小马，骥（jì）是老马，骟（shàn）是丧失生育能力的马；骁（xiāo）是强壮的马，驽（nú）是跑不快的马；骠（biāo）是黄色的马，骝（liú）是黑鬃黑尾的红色马，骃（yīn）是浅黑带白色的马，骅（huá）是枣红色的马，骊（lí）是黑色的马。

战国时，人们曾用马拉战车的数量来形容国力盛衰，以"万乘之国"为一等军事强国，"千乘之国"为二等军事强国。

所谓"宝马配英雄"，马陪主人出生入死，自然也是英雄的心头爱物。古代不少皇帝都是在马上得天下的，如秦始皇有追风、白兔、神凫等七匹器重的战马，唐太宗的爱马被雕刻在其陵墓中的石碑上，以便死后相伴，人称"昭陵六骏"。此外，史上留名的宝马还有项羽的"乌骓"、关公的"赤兔"、刘备的"的卢"等。

今天，在奥林匹克运动的马术赛场上，我们也能见到马的身影，来自世界各地的选手号令马儿表演各种难度动作，马儿辗转腾挪，优雅至极。

中国以牧业为主的少数民族，如藏族、蒙古族、哈萨克族等也喜欢马术。一些马上高手的技巧相当高超，能够在马上做倒立、空翻、转体等动作，也能够在马上射击、射箭等。在藏族的马术活动中，还有跑马捡哈达的表演。

■ 肖马的民间崇信

古人视马为神，敬称为马神。又叫马王，也叫马明王，俗称马王爷。春秋时有一年四季四时祭马神的习俗。

北方游牧民族特别崇马。保安族（今甘肃、青海一带少数民族）流传神话"雪白马神"；达斡尔族（在内蒙古、黑龙江、新疆一带）称神马为"温古"，这种神马是不准女人骑的；满族也有供奉神马的习俗。中国各地有马神庙。以马为图腾的民族很多，尤其是北方游牧民族。

古人把马与龙联系在一起。民间有"在天为龙，在地为马"之说。民间还有"是马三分龙"的俗语。在龙的造型中，有一种龙首就是马首，还有龙本来是从马演变而来的传说。

八卦中"乾为马"，又把马与天联系在一起。

马在地支中定为午时，午时正是日出当头，阴阳交替时分，所以有马沟通阴阳的说法。

一说古人还特别崇拜公马硕大无比，挺拔昂扬的生殖器，所以祭马也带有生殖器崇拜和生殖力崇拜的含义。一些地区和民俗在婚嫁时还有"上马""下马""回马"等种种习俗。

马沟通天地、阴阳、人神，自然属于神话，无可评说。

马在古代人的生活中占有很重要的地位。马居六畜之首。史料记载，马在夏代已经被驯养。在古代，马不仅是交通、运输的重要工具，还是作战时强大的军事装备，相当于现代的飞机、坦克、战舰。马除了这些作用以外，还隐含着许多特殊的功能。古时，马甚至显示个人和国家的身份、权力、地位、势力、财富。如春秋战国时代就有千乘之国、万乘之君之说。四马一车谓之乘。即有多少马表示国家的大小，是国力的象征，几乎相当于现代的GDP。军队也如此，以马匹多少显示其军力的强弱。帝王大臣的车骑有等级。天子六马，左右骖，三公九卿四马左骖。三马驾一车谓之骖。秦汉以后虽有变化，但拥有多少马乃是为官大小的标志之一。如汉时太守御五马，所以"五马"成为太守的代称。

古时，以骏马显示身份的高贵。中国历史上的名马不计其数，历代君王、将帅对马情有独钟，竭力追求千里马的故事俯拾皆是。

相传西周时周穆王拥有八匹名马，名曰八骏：赤骥、盗骊、白义、逾轮、山子、渠黄、华骝、绿耳，美名流传千古。

由于千里马十分宝贵、难得，于是相马便成为当时一种重要职业，相马专家更是难得的人才。相传古代著名的相马专家便有秦穆公的臣子伯乐（原名孙阳）和九方皋。世称"千里马常有，而伯乐不常有"。韩愈《杂说》曰："世有伯乐，然后有千里马。"春秋末赵简子的臣子邮无恤等也是相马专家，他们受到后人的赞美和崇敬。

历史上记载了很多著名的名马。除周穆王的八骏之外，还有秦始皇的"追风""白兔"，项羽的胯下坐骑"乌骓马"。当年项羽在垓下被围，穷途末路，还叹息"时不利兮骓不逝。"三国时刘备骑的名马"的卢"，当刘备处于危急之际，急呼："的卢，今日危矣，可努力。"神马的卢一跃五丈，冲过檀溪，免了刘备的一场灾祸。吕布和关羽骑的赤兔，据说属于汗血马。在战斗中出足了风头，名传古今。张飞的坐骑"玉追马"也是当时的名马。名将配名马，这是自古以来的惯例。

汉武帝对马很是痴迷，他曾从西域引进"天马"，即大宛汗血马，意即神马。汉武帝为了增强军事力量，获得良种马，不惜远征大宛，取得汗血马。在古代，拥有良马犹如现代掌握先进武器装备一样，是军事力量强

▲ 项羽的乌骓马

大的重要标志。

唐太宗据说有"六骏"，一直传为佳话。六骏分别是白蹄乌、特勒骠、飒露紫、青骓、什伐赤、拳毛䯄。这六匹骏马为唐朝一统天下立下了汗血功劳，都有精彩的故事。

唐太宗对于马的喜爱已经到了痴迷的程度，爱马成癖，好马如狂。据说在他临死之前，不仅将自己珍爱的王羲之的《兰亭集序》真迹带入墓中，还遗命雕刻六匹骏马装饰自己的陵墓。这便是有名的"昭陵六骏"。

古人不但活着时非常重视马，死了以后还离不开马，要以马为伴。商周时代帝王都有马葬习俗，即用活马陪葬。后来用陶马、石马、石俑相伴，还用纸马祭奠。1969年在甘肃武威雷台汉墓出土一只"铜奔马"，即汉武帝茂陵出土的鎏金铜马，乃是陪葬佳作。其构思、造型独一无二，被认为是一件艺术珍品，稀世之宝。

马在古时，不论皇家或民间都十分看重，有关诗歌、成语、习俗也最丰富多彩。为此，马之入选生肖，就凭生活实际需要，理由也是十分充足的。

中国古代生肖文化

第八节　未　羊

■ 未羊的生灵性情

羊，性情温和，是一种食草动物。世界上的绵羊有两百多种，在我国分布最多的品种是蒙古羊，它肉质好，毛质粗，适应性强。

中国的象形字"羊"大概是根据山羊的模样创造出来的，它省略了羊的腰身和四肢，突出了羊长长的弯角和额下的一抹胡须，形象夸张而鲜明。

中国是世界上较早驯养羊的国家之一，根据考古证实，中国的养羊历史可以追溯到八千年前，宁夏中卫县钻洞子沟的"一人牧三羊"岩画，表现了原始先民驯养羊的场景。

在夏商周时期，养羊已有规模，这可在古代诗歌中得到证实。《诗经·小雅·无羊》中有句"谁谓尔无羊？三百维群"，意思是说，谁说你家没有羊？一群三百只真排场。它说明当时奴隶主养羊已有规模。由于与羊接触频繁，古人对羊的认识比较深入，他们会按照羊的大小、公母、色泽、体型乃至阉割与否分别给予其称谓，不过如今，这些称谓大多已经失传了。

古人心目中，羊是美好的象征。《说文解字》曰："美，甘也，从羊，从大。"也就是说，美字由羊引申而来，羊肉的味道甘美，所以"羊大为美"。

然而，后世学者对此提出了质疑。现代文字学家李孝定先生在《甲骨文字集释》中对"美"如此解释："疑象人饰羊首之形。"他认为原始人以戴上羊角形头饰为美，"美"字源自视觉。到底是"羊大为美"还是"羊人为美"，至今还没有定论，不过羊是美的，这点毋庸置疑。

羊的美好之处，首先在于它是人的衣食之源。古书说"羊在六畜主给膳"，六畜是指"马牛羊，鸡犬豕"这六种人类饲养的家畜。今天，中国人饭桌上最常见的肉类是猪肉，但在古代却是羊肉。

据记载，宋神宗熙宁十年（1077年），为皇帝做饭的御膳房共用羊肉十多万公斤，而猪肉却只有两千多公斤。中国是美食大国，中国人想出了各种炮制羊肉的办法，煎、炸、蒸、焖、涮一应俱全，至今，各地仍有一些以羊肉为主料的名吃，如陕西的羊肉泡馍、新疆的烤全羊、内蒙古的手把羊肉等。

羊，性情温顺，举止有谦谦君子之风，被古人封为"德畜"。羊有四美德：善群、好仁、死义、知礼。

肖羊的风俗文化

羊，儒雅温和，很早便与中国先民朝夕相伴，深受喜爱。肖羊文化体现在人们生活的各个方面，从羊神崇拜，到婚丧嫁娶；从美味佳肴，到穿戴装饰，都留下了肖羊的痕迹。民间种种与羊有关的风俗，反映了人们对羊的崇拜。

▲ 铜羊雕塑

1. 羊神崇拜

因为"羊"与"阳"谐音的关系，羊与太阳之间的关系便逐渐被人们进行了浓墨重彩的加工创造，人们对于太阳的崇拜也逐渐与对羊的崇拜相结合起来，久而久之，也就有了羊神即太阳神之说。

除太阳神外，羊也被视为其他的神祇：羊喜欢啃食麦穗谷类、树皮草根，于是先民们就把羊与五谷、树木联系起来，认为羊是五谷之神、树精。《孔子家语·辨政》

中有一只叫"商羊"的吉祥鸟，可预告雨讯，"商羊"又被看做"雨师之神"。由于先民对山、土、石的崇拜，而羊又在陡峭的山石上行动自如、如履平地，所以又有羊为山神、土神、石神之说。所有这些对于羊的崇拜，都表达了人们驱鬼辟邪、保佑家畜兴旺、生活幸福的美好祝愿。

在湖南、浙江等地将农历正月初四视为"羊日"，人们在这一天通过天气的阴晴来测养羊业是否兴旺。晴则兴盛，阴则不祥，所以人们都盼望这一天阳光灿烂。每逢羊日，人们戒杀羊，忌打羊骂羊。

安徽萧县有三伏天品食羊肉的悠久历史，俗称伏羊肉，历史传说最早可追溯到尧舜时期。伏羊是炎夏入伏天的羊肉，伏天食用羊肉的习俗，既暗合"天人合一"的质朴养生理念，也含有一定的科学依据。

白族民间还有祭羊魂的风俗，每年六月二十三日举行，由年龄大的牧羊人主持，祭时将羊毛毡挂在祭坛边树上，以求羊群不受野兽侵害。羌族崇拜羊神，不仅把羊皮制成皮褂，而且还把羊皮绷成鼓来敲。挂红是羌族的最高礼仪，羌族每年过"羌历年"时都要给羊神"挂红"。羌族的"羊皮鼓舞"则在舞具上留有"羊人合一"的羊崇拜古代遗风。

2.婚丧嫁娶

在中国湖北一带有"羊酒背"的婚俗：娶亲时，用牛、猪作聘礼，并以羊肘、酒食等物共置一背笼中，背至女家，分赠女之亲友。青海土族在男方到女方家娶亲时，要送给女方一只象征着吉祥和好运的母羊，女方把母羊作为姑娘的替身，留在娘家繁衍后代。在长江三角洲一带的汉族中有这样的婚俗：新郎以红色锦缎缠裹羔羊为礼。红色代表喜庆，羔羊则象征吉祥。锡伯族民间有抢羊骨头的婚俗：在新郎和新娘之间放一块羊腿骨，然后新人饮酒，饮至第三杯时，双方亲朋好友开始抢羊骨，若男方抢到，寓意新郎勤劳能干、能养妻子、家庭幸福；若女方抢到，则寓意新娘勤俭持家、夫妻恩爱、家庭和睦。

汉代婚俗中对于羊的运用也很普遍。古代婚仪中有六礼：纳采、问名、纳吉、纳征、请期、亲迎，男家要向女家行"三纳"之礼，所纳的礼物中就有羔羊，羊羔跪乳其母象征孝顺和慈爱，寄托了人们对婚姻的美好理想。汉族正式订婚仪式称为"大定"，男方要杀羊、猪各一，扮成麒麟状送往女家，象征大富大贵。

因为"羊"与"祥"相通，而"祥"原为丧祭名，父母去世，周年祭为小祥，两周年祭为大祥，所以人们祭祀祖先时，无论是用牛羊豕三牲还是用牛羊豕犬鸡五牲，羊都必在其中。殷墟妇好墓中以真羊和玉雕羊随葬，商代甲骨卜辞中有大量以羊牲祭祀死者的记载，历代富贵人家墓前也以石羊守护，浙江一些地方的人在清明节用野菜和面做的"清明羊"祭祖，普米族在举行葬礼时，以羊为死者替身，认为羊能为死者引魂开路，将亡灵送回祖先居住的故土。这些风俗似乎都暗示着羊是接通阴阳的使者。

第九节　申　猴

■ 申猴的生灵性情

　　猴，是灵长类动物。地球上只有三种灵长类动物：人、猿和猴。猴子生性聪明警觉，擅于识别对手的诱饵，发现食物后，总会先观察等待良久，确定没什么危险性后才行动，所以古人干脆就用"候"的谐音字"猴"来为之命名了。

　　民间故事中，常有猴利用智慧战胜对手的情节。猴虽聪明，却终究不及人，成语"朝三暮四"就源自中国古代哲学家庄子讲的一个有关猴子的故事：

　　一个养猴人给猴子发放食物前，跟猴子商量发放的办法可否为"朝三而暮四"。意思是早晨发三颗橡子，晚上发四颗。猴子听了表示反对，于是养猴人改口说："那早晨四颗，晚上三颗，总可以了吧？"猴子们听了非常满意。

　　成语的原意是讽刺常常变卦的养猴人，但从中可见猴的智慧毕竟是有限的。

　　猴类憨态可掬，恰似人的童年时期。它们虽然聪明，性情却有些毛躁，所以有"猴子偷桃——毛手毛脚""猴子唱戏——想起一出是一出""猴子偷瓜——连滚带爬"，以及"心猿意马"等俗语、成语。

　　就连神话传说中齐天大圣孙悟空这位战天斗地、伸张正义的英雄，也难舍猴性、性情急躁、自由散漫、不服管束，不过正是这些特点才惹人喜爱，讨人欢心。

▲ 猴戏表演

猴的形态举止颇似人类，加之它们天性顽皮，喜欢模仿人的动作，在此基础上加以规训，它们便可表演"猴戏"。

在汉代，有专门为宫廷贵族表演的"百戏"，其中就有猴子的表演。唐朝时也有几位皇帝特别爱看猴戏，其中唐昭宗竟然因为喜爱一只猴子的表演，将四五品官员的服饰赐给它穿，如此浩荡皇恩，让当时的文人都很嫉妒。五代时有一个叫杨于广的人，耍猴特别有名，他驯养的猴子不仅能模仿人的动作，而且能根据情节需要做出惶恐等表情。

宋朝起，猴戏才开始进入民间百姓的生活。在过去，常看到民间艺人耍猴的场面。他们一般二人结伴，一人牵羊或狗，一人背个小木箱，上面蹲坐着一只穿红布褂的猴子。他们边走边敲锣招揽看客，找一块街头闲地，钉上一个大木橛子，便开始表演了。猴子能够翻跟头、拿大顶、戴鬼脸、穿衣服、爬竿、向人行礼等等。今天这种场景虽然存在，但是已经很少见了。

猴与人相似，那么猴与人到底有无亲缘关系呢？一百五十多年前，达尔文提出人的祖先是猿猴，引起当时社会一片哗然，这一观点甚至被认为是异端邪说。但是，越来越多的古代猿人化石被发现后，在证据面前，猴为人祖已是人类的共识，而运用高科技的基因技术对人和各种动物的基因进行测序，结果也证明：猿猴是跟人类亲缘关系最近的动物，而猿猴当中，又数黑猩猩的基因跟人最接近，只相差2.4%。

■ 肖猴的民间习俗

人们对猴子崇敬有加，还存在许多和猴有关的民间习俗，而且还从猴的习性、动作、表情等中摸索出众多供人们愉悦甚至强身健体的花样来，极大地丰富了人们的文化生活，使肖猴文化具有了更加强大的生命力。

猴子的形象俏皮玲珑、活泼可爱，人们从骨子里喜欢这个与人类有颇多相似之处的灵长类动物。不仅在信仰与崇拜上，就连人们的娱乐生活甚至强身健体都要跟猴子扯上关系，为此，也便有了花样繁多的猴风猴俗。

1. 祭　猴

猴祭是中国高山族卑南人对十二三岁的少年入会时的一种禳灾纳吉的仪式，通常在十一月早稻收成之后举行，共为期十天，其中第三天杀猴，这也是祭祀仪式中一个重要的环节，旨在培养少年的胆识和勇气。

还有一些少数民族的传说中认为，远古时期的大洪水皆由猴子引起，因此猴子具有沟通阴阳的能力。他们多修猴王庙，供奉猴王爷。每逢天旱，人们就会把庙中的猴王爷抬出来曝晒，认为这样就可以逼迫猴王爷下雨。

2. 摸　猴

在中国北方的大部分地区，存在着摸猴的习俗。去北京白云观游览的旅客或是香客，大都要觅猴与摸猴。白云观里有三处刻猴，据说逐一摸过就会得福佑顺遂。三处刻猴均为浮雕，刻得又小，想要找齐并非易事，然而每一个都被摸得圆润光亮。河北沧州杜林古桥上的雕猴也被游客们摸得十分光亮，当地传说，只要摸猴时紧闭双眼，并且足够虔诚，雕猴就会降福于人、消灾祛病。

3. 捏猴与扎猴

每年的二月初二至三月初三，河南淮阳的太昊陵都要举行祭祀人祖伏羲的盛大庙会。庙会期间，会有大量的泥泥狗出售。"泥泥狗"又称"陵狗"，是以泥制作的各种玩具的总称，全身以黑色为底，再用红、黄、白、绿、蓝五色绘出点线结构的图案。泥泥狗的造型除了草帽老虎、狗之外全部为猴子的形象，有人面猴、双头猴、猴头燕、虎驮猴、猴驮猴等。

△ 五禽戏图

在陕西的一些地区，有一种布扎的玩具，多是"双猴吃桃"的模型。陕西宝鸡一带，每逢姑娘出嫁，其嫂都要为她做一个男根突出的布猴，藏在陪嫁的衣箱中，抬到婆家，秘不示人。这些玩具显然是求子的吉祥物，有祈愿多子多孙、人口兴旺的寓意。

4. 耍 猴

起初，艺人们只是通过服装、走姿、神态、语言等模仿猴子的表演，到后来，才逐渐有了以猴代人的表演。在中国的南北朝时期，耍猴的表演形式就已经相当成熟，据傅玄《猿猴赋》的描述，猿猴表演时戴着红色的头巾，穿着红色的裤子，脸上涂脂抹粉。它们搔痒捉虱，扬眉蹙额，若愁若嗔，模仿老翁悲啸长吟，学外国女子跳舞。直到现在，耍猴也都是杂技团里的压轴节目，猴子穿衣、猴子骑马、猴子算数等都是人们所喜闻乐见的。

5. 猴 拳

相传名医华佗曾创"五禽戏"，其中就有一种是模仿猿猴动作的，常练具有活血化瘀、舒筋通络的功效。在中国传统武术当中，也有一套"猴拳"，猴拳的动作，既要模仿猴子的轻灵、敏捷，又要符合武术的技击特点，如出洞、窥望、看桃、攀登、喜乐、蹬枝、藏桃、蹲坐、吃桃、拼抢、惊窜、入洞等，形成形、法统一的猴拳特点。如今，猴拳也已成为中国传统武术的一个重要种类。

机灵可爱的肖猴深得人们喜爱。肖猴文化有深厚的历史文化底蕴，同时也是千百年来人与猴相得益彰的绝好见证。

第十节 酉 鸡

■ 酉鸡的生灵性情

鸡，属于鸟纲雉科，其远祖是古代原鸡。古原鸡的后代大体分为三支：一支是人类驯养后的家鸡；一支是生活在山林中的野鸡；另一只则变化不大，称现代原鸡，我国云南、广西、海南仍有分布。

在上万年前，鸡就成为了人类的伙伴。关于养鸡的最早历史记录是在公元前8000年的越南，中国也是世界上最早养鸡的国家之一。

鸡在中国的饮食文化中占有重要地位。俗语说："无鸡不成宴"，倘若筵席上没有鸡，便是主人失了礼数。根据《左传》记载，一个人官位至卿大夫时，伙食标准可以达到每天吃两只鸡。在古代，普通老百姓自然没有这等幸运，吃鸡对他们来说只能是偶尔为之的事，但是倘若贵客临门，便一定要杀鸡款待，所以，大诗人孟浩然才专门在《过故人庄》中提到"故人具鸡黍，邀我至田家"，以示朋友招待之隆重。

鸡是中国人酒桌上必不可少的美味佳肴，人们对其精心饲养，培育出不少的优良品种。宋代《埤雅·鸡》中说："鸡有蜀、荆、越诸种，越鸡小，蜀鸡大，鲁鸡又其大者。"早在汉朝，已有地方鸡品牌出现，比如符离鸡。在徐州狮子山汉代楚王墓里象征厨房的耳室中，出土了很多鸡骨，中间还有一方泥印，上有"符离丞印"字样。

时至今日，肉食鸡也常用出产地来命名，如上海浦东鸡、江苏狼山鸡、辽宁大骨鸡、山东寿光鸡、浙江萧山鸡等，它们都是鸡家族中的优良品种。

古人对冠非常重视，孔子的学生子路曾说"君子死而冠不免"，意思是说，即便面对死亡时，君子也不能不顾礼法，要保证自己的帽子戴得端正。冠象征的是仪礼和身份，古时官帽，文为冠，武为盔。公鸡天生头戴红色肉冠，给人以仪态大方的感觉，是为文德。

武德和勇德有接近之处。由于性激素的刺激作用，雄鸡有争强好斗的个性，而它又有天生的进攻武器：一是喙，在争斗过程中可以用于啄伤敌手；二是腿后有一个突出如脚趾的地方，被称为距，在争斗过程中可以刺伤敌手。故而，雄鸡往往被比作勇猛之士。

《诗经·风雨》中有"风雨如晦，鸡鸣不已"的诗句，后来它被引申为形容在风雨飘摇、动乱黑暗的年代，有勇气和正义感的君子还是坚持操守，为理想而斗争。

成语"呆若木鸡"现在用来形容一个人痴傻的模样，但在原故事中，呆头呆脑、纹丝不动的"木鸡"恰是斗鸡中最有战斗力的，令那些活蹦乱跳、骄态毕露的鸡见之丧胆。

古时鸡鸣报晓，这在很多文学作品中都有反映。唐朝书法家颜真卿曾作一首《劝学》，其中写道："三更灯火五更鸡，正是男儿读书时。"《诗经》中的齐国民歌《鸡鸣》，表现了鸡叫时分的国君夫妻对话："鸡既鸣矣，朝既盈矣。""匪鸡则鸣，苍蝇之声。"国君的妻子说："鸡已经叫了，上朝的人都来齐了。"国君却想赖床不起，便说："那不是鸡叫，是苍蝇嗡嗡的叫声。"

▲ 闻鸡起舞图

古代还有祖逖"闻鸡起舞"，立志报效祖国的故事，而战国时齐国孟尝君能顺利逃出函谷关，也是靠其门客学鸡啼叫，才骗开城门的。不过《半夜鸡叫》中的老地主周扒皮就不那么走运了，他学鸡叫想骗伙计们早点出工，却遭到大家一通合力痛打。

雄鸡报晓，其实有其科学原理的。鸡的大脑里有个"松果体"，它能分泌一种褪黑素。每当进入黑夜，松果体开始分泌褪黑素，而当光线射入眼睛，褪黑素的分泌便被抑制。褪黑素能抑制性激素的分泌，也直接控制鸟类的歌唱。晨光乍现，褪黑素的分泌受到抑制，雄鸡便开始不由自主地"司晨"了。

"雄鸡一唱天下白"，报晓只能由公鸡来完成，母鸡是不能啼鸣的。古人认为母鸡打鸣意为不祥。中国唯一的女皇帝武则天即位时，便有守旧派大臣以"牝鸡司晨"作比喻来加以反对，认为天下必将大乱。其实，牝鸡司晨不过是母鸡雄性激素分泌过多导致的一种稍有异常的自然现象。

■ 肖鸡的民俗文化

中国人养鸡已有几千年的历史，与鸡长时间的接触，逐渐形成了很多与鸡有关的习俗。这也是生肖文化中重要的组成部分，同时也是人们日常生活中所必不可少的内容，是中华传统民俗文化的真实体现。

鸡是人们生活当中所熟知的禽类，在中国长期的农业社会当中，甚至一度影响着人们的生活水平。由于鸡对于人们生活的重要性，生活中与鸡有关的习俗也就比比皆是。

1. 鸡糕和鸡心袋

过中和节是华北地区的传统习俗，日期为每年的二月初一，流行吃太阳鸡糕。关于中和节，在清代潘荣陛的《帝京岁时纪胜·中和节》中有比较详细的记载："初一日为中和节，传自唐始。李泌请以二月朔为中和节，赐民间以囊盛百果谷瓜李种相问遗，号献生子，令百官献农书。京师于是日以江米为糕，上印金乌圆光，用以祀日，绕街遍巷，叫而卖之，曰太阳鸡糕。"江米糕上印圆光表示太阳，印金乌则象征鸡。这也反映了鸡与太阳两者之间是有联系的。清代富察敦在《燕京岁时记》中记载了太阳鸡糕的具体样式："二月初一日，市人以米面团成小饼，五枚一层，上贯以寸余小鸡，谓之太阳糕。都人祭日者，买而供之，三五具不等。”

浙江金华地区流行在端午节佩鸡心袋。每当五月初五，人们就用红布制成形似鸡心的小袋子，内装米、茶叶、雄黄粉等，挂在小孩胸前，以辟邪消灾。另外，“鸡心”还与“记性”音相近，给小孩挂鸡心袋，也反映了大人们希望小孩读书记性好、将来出人头地的美好祝愿。

2. 踢鸡与啼鸡

土家人把踢毽子叫做“踢鸡”。土家族举行的“踢鸡”活动多是青年男女参加，一人将“鸡”踢起，众人都争着去接。接到鸡的人，可以用毽子上的鸡毛去追打任何人，而他们所追打，往往是自己的异性意中人。这里，鸡毛毽子已经成为了一种青年男女谈情说爱的媒介，同时也可以看出鸡象征生殖崇拜的迹象来。

“啼鸡”是一种雄鸡啼叫的比赛活动。比赛中，以公鸡在一定单位时间内啼叫次数的多少作为胜负的标准。比赛者会用各种办法鼓励公鸡多啼叫：或把公鸡和母鸡放在一起，以母鸡的吸引力使公鸡多啼叫；或把公鸡和母鸡隔离开，使公鸡因失恋而拼命啼叫；还有的在鸡食中掺酒，认为酒可以松弛公鸡的声带，使公鸡有更好的啼叫能力；也有的是在比赛前用手轻轻抚摸公鸡喉咙，认为感情交流可以使鸡愿意多啼叫。

3. 迎春公鸡与谷雨鸡王

旧时在山西北部以及山东一些地区有立春日佩戴迎春公鸡的习俗。迎春公鸡又称春鸡，是立春前妇女们用碎布缝制的佩饰物，挂在孩子身上，有新春吉祥之意。湖南、湖北、浙江等某些地区依然延续夏历，把正月初一称为“鸡日”，人们以“鸡日”这天天气的阴晴作为来年养鸡业是否兴旺的征兆，“晴主吉，

▲ 剪纸鸡

阴主灾"，也忌打鸡、骂鸡。

在陕西一带，每年谷雨前后还流行贴鸡王镇宅图的风俗。当地人于谷雨这天早起收集露水研成墨汁，在纸上画一只红冠公鸡，嘴叼蝎子，蝎身上涂红色以示血迹，表示被杀。在墙上贴此图，据说可以避邪毒，保佑一家平安。直至现在，传统年画中仍有《鸡王镇宅》的图案。

鸡能驱毒虫、辟邪蛊，是人们长期以来形成的固有观念。汉代应劭在《风俗通义》中就说过，如果有人患了鬼刺痒症，可以用雄鸡血敷在心口上；患贼风症，可以用东门鸡头治疗。大约魏晋之时，鸡开始成为守门辟邪的神物。晋代《拾遗记》讲鸡能辟邪，"使妖灾群恶不能为害"，"魑魅丑类，自然伏退"；并记当时风俗："今人每岁元旦，或刻木铸金，或图画，为鸡"，置于门窗上。南朝《荆楚岁时记》载正月初一习俗："贴画鸡户上，悬苇索于其上，插桃符其傍，百鬼畏之。"这与将正月初一称为鸡日，与迎新年贴酉的古俗，相互融会。这种风俗一直传承至今，山西大同一带乡村，仍保留着春节门上贴剪纸大公鸡的古俗。

第十一节 戌 狗

■ 戌狗的生灵性情

狗，哺乳纲食肉目犬科，由狼驯化而来，是最早与人类建立友谊的动物，是人类忠诚的朋友。中国人养狗也有几万年的历史了。

1974年，考古学家在伊拉克的帕勒高拉洞穴遗址中，发现了公元前一万年的家养狗的骨骼。在新石器时代早期的河北武安磁山、河南新郑裴李岗等文化遗址中都曾出土大量狗的遗骸。

中国人又将狗称为犬，《礼记·曲礼》云："通而言之，狗犬通名，若分而言之，则大者为犬，小者为狗"，也就是说，个头大的是犬，小的是狗，不需细分的话，狗犬也能通用。

古今中外，有许多名犬种类。先秦时候，人们便以名犬为宠物相互馈赠，有时还作为贡品。《尚书·旅獒》载，"唯克商，遂通道九夷八蛮，西族氏贡獒。"《尔雅·释畜》说："狗四尺曰獒。"獒是西方民族的大型犬类，藏獒就是它的后裔。

犴是先秦时期北方民族的名品，《埤雅》云其"胡犬也，似狐而小，黑喙善守"。《史记·赵世家》把它与代马、昆山之玉并列为赵国的三宝，足见犴的名贵。

明清之际，从宫廷到民间都以玩犬为乐。据《清稗类钞》介绍，世界最名贵的狗，首推京师所产，有六种："一曰京师狗，二曰哈叭狗，三曰周周狗，四曰小种狗，五曰预毛狗，六曰小狮狗，尤以京师狗、哈叭狗、小狮狗为上。"

狗有许多突出的优点。它比较聪明，智力相当于两三岁的儿童。它的听觉和嗅觉都十分敏锐。人的嗅觉细胞一般只有 500 万个，而狗竟有 2 亿多个，可以分辨大约 2 万种不同的气味。

狗是人类最可靠的帮手。李时珍在《本草纲目》中说："狗类甚多，其用有三：田犬长喙，善猎；吠犬短喙，善守；食犬体肥，供馔。"根据他将狗的用途大致归纳为三类：第一类是嘴部较长的猎狗；第二类是看家护院的善吠的狗；第三种是体肥的用于食用的狗。

对主人忠心，是人类宠爱狗的最大原因之一。狗会想尽办法帮助主人克服困难，甚至放弃自己的生命。

满族有"义犬救主"的传说。老罕王努尔哈赤被明兵追赶，明兵想放火烧死他，他身边的狗在水泡子里浑身蘸满水，打湿周围的荒草，免去烈火烧身，救了老罕王。据说满族人不食狗肉的习俗就与这一传说有关。

狗对人的忠诚，有时也会受到微词，因为狗一味地信任主人，不辨是非，不明对错，含有盲目做事的贬义。于是"走狗"、"狗仗人势"、"狗眼看人低"等贬义词也纷纷冲狗而来。

其实说起来，这些与狗有何相干，它只不过是一种依靠天性生存的单纯至极的动物。但是，中国人将奴性投射到了狗的身上，于是，狗也成了大家言语中最不受待见的一种动物。人类指桑骂槐，狗也的确有几分冤枉和无辜。

■ 肖狗的民俗文化

狗与人们的生活之间存在着密切的关系，植根于民间的传统习俗文化中自然少不了肖狗的影子。肖狗文化作为十二生肖文化的一个重要分支，不仅对于人们生活的各个方面，同时对于中国传统生肖文化的丰富和发展也有着不可忽视的作用。

△ 肖狗

纵观生肖中的十二种动物，或是人们因畏惧和崇拜以敬而远之的，或是对人类的发展历史产生过重大而积极的作用的。其中狗作为与人类关系最为密切的动物，无疑对于人类的发展和进步产生了重大的作用。也正因为如此，肖狗文化作为中国传统民俗文化的一个重要方面，遍及了人们生活中习俗的各个方面。

1. 与肖狗有关的节日

与狗有关的节日当中规模最大的要数瑶族的"盘王节"了。每年农历的正月十六，瑶族人民都要举行祭奠祖先盘瓠（即狗神）的重大活动。活动内容包括三项必不可少的仪式：一是跳原始的祭祀舞蹈——盘王舞；二是举行换盘王愿的祭仪，宰牛祭盘王；三是颂唱"盘王歌"。直到现在，瑶族人民的传统服饰上还保留着许多与狗有关的图案。

布依族在过年时有"吃新节"，到了晚上首先要设宴祭祖，然后就是祭犬，之后家人才可以入桌就餐。祭犬时由年长者将"新粮饭"与三块猪肉放入狗食盆，边看狗吃食物边念祭词，其意是感恩狗为人类带来谷种。

汉民族岁时风俗中还以农历正月初二为"犬日"。犬日这天，人们以天气的阴晴来预测当年养狗是否兴旺，晴主福，阴主灾。"犬日"时人们对于狗的信仰也比平时用心，以求犬类能够得到更好的繁衍发展。

2. 与肖狗有关的吉凶祸福

在古人眼里，狗是能够预兆吉凶祸福的动物。因为狗与吉凶祸福的关系，因此人们常常用狗来进行占卜。至今在羌族、苗族、瑶族等少数民族地区依然存在着以狗占卜的习俗：每年正月初，羌族会在庙前举行吊狗会，把白狗倒悬在庙前树枝上，狗头下放着食物，但是不让狗够着。如果狗七天不死，则为丰年，否则就是凶年。苗族在吃团圆饭时也是先喂狗，认为如果狗吃哪种粮食，哪种来年就会贵。瑶族每年在尝新米时，会先盛一碗饭并在上面放一块肉让狗先吃。如果狗先吃米饭，预兆当年稻谷丰收、米价便宜；如果狗先吃肉，寓意这年猪肉涨价而稻谷歉收。

3. 与肖狗有关的禁忌

由于狗对北方游牧民族的重要性，所以历史上随着北方少数民族的南移，有关于狗的习俗与禁忌也逐渐多了起来，其中最普遍的要数禁吃狗肉了。许多以游猎为生的民族都禁吃狗肉，如东北的赫哲族、满族、锡伯族、鄂伦春族，新疆的哈萨克族、乌孜别克族、柯尔克孜族等。在这些民族看来，狗是他们生活中最亲密的伙伴，对捕猎、放牧、看门等都起到了很大的作用。他们都对狗有着很深的感情，不忍杀食。

瑶族、苗族和黎族人民还把形象为犬的盘瓠尊为祖先，因而他们禁止打狗、骂狗、直呼狗名，更不能吃狗，甚至不能看他人吃狗肉，认为这是大逆不道的行为。拉祜族传说人的祖先是狗奶喂大的，所以不吃狗肉。普米族把狗看做是天地的开创者，并且把寿命与人交换，使人的寿命延长，因此狗对人是有大恩的，禁止以狗肉为食。哈尼族、藏族、羌族、白族等还认为是狗把谷种带到了人间，所以人们也禁止杀狗，并且打下来的新稻谷做成的米饭也是让狗先吃。

4. 瑞狗旺财

狗忠实于主人，更通人性，所以人们普遍喜欢养狗，很多人给自己的狗起个亲昵吉祥的名字：旺财或来福。据说最早把狗叫旺财是在广东香港地区，旺财也是口音"旺旺"的意思。狗年送礼都想讨"口彩"，狗年的礼品都沾上了"旺"字。"天狗守吉祥"和"天狗保平安"成为对联中最常用的话。

第十二节　亥　猪

■ 亥猪的生灵性情

猪，身体肥壮，四肢短小，鼻子口吻较长，耳似蒲扇，是杂食类哺乳动物。

人类已经有上万年养猪的历史。1991 年，美国考古学家 N. 罗森伯格率领一支考古队在土耳其东南部的一个高地村庄哈兰·塞米，发现了大量距今一万至一万零四百年的猪骨骼，它们的臼齿明显缩小，说明已完成了野猪向家猪的转化。

中国人养猪也起步较早。在广西桂林甑皮岩墓葬中，曾出土距今九千余年的家猪猪牙和颌骨。浙江余姚县河姆渡新石器文化遗址出土的距今约六七千年的陶猪，猪的腹部明显下垂，前躯和后躯比例几乎相等，作奔走状，造型生动，其体质特征与现代家猪非常接近，属于已经驯化了的早期家猪。

古时，猪被称为"豕"。甲骨文中的"豕"是一个象形字：长嘴短脚，肚腹肥圆，尾巴下垂，横过来观赏，正是一副惟妙惟肖的猪形象。

由于观察细致、了解深入，古人根据性别、年龄乃至颜色的不同给猪分类并且命名：豝（bā）是母猪，豭（jiā）是公猪，豯（xī）是三个月大的猪，豵

▲ 古代东坡肉奇石

（zōng）是一岁大的猪，豥（gāi）是四蹄都为白色的猪。

中国人为世界养猪业作出了突出贡献。两汉时期，中国就已培育出外形肥壮、肉质佳美、繁殖力强的优良猪种，后来它被引入欧洲，用来改良当地猪种，并育成罗马猪。清朝时，中国猪被引入英美，育成了大约克夏猪和巴克夏猪等世界闻名的猪种。

中国古人最为看重的"六畜"，猪位列其中，原因非常明显：它是人们主要的肉食来源之一。猪肉味道鲜美，古时候，我们的祖先发明了不少以它为原料的美味菜肴。先秦时代有一种"炮豚"，即为烤猪，它是古代八种珍食之一，只供周天子及其近臣享用。

有一道菜肴据说是古人发明，而今人仍有缘享用，那就是驰名中外的"东坡肉"。传说它是苏东坡被贬官黄州时发明出来的，著名的打油诗《猪肉颂》，赞美的就是它："黄州好猪肉，价钱等粪土。富者不肯吃，贫者不解煮。慢著火，少著水，火候足时它自美。每日起来打一碗，饱得自家君莫管。"

猪虽然满足了人们的口腹之欲，可人们的言谈间却缺乏对猪的尊重，"懒猪"、"笨猪"等是人们提到猪时常用的词汇。这其实是人们的主观认识，实际上，猪是一种聪明、干净、有节制的动物。

动物学家研究表明，猪并不蠢，它的智商仅次于灵长目和海豚，远远高于牛和羊，它的感觉也很敏锐。人们一般认为狗是一种聪明的动物，然而狗在某些方面的学习能力却远不及猪。科学家对猪进行过一连串测试，包括跳舞、挑水、拉车、开门等，发现猪只要看一次人的示范动作就能学会，狗要近十次重复才会。猪的嗅觉很灵敏，小猪在出生几小时后就能辨别气味，母猪能用嗅觉辨别自己生下的小猪，并排斥其他小猪仔。

猪还是一种爱干净的动物，这是令很多人都吃惊的，平常我们见到的猪，总是一副脏兮兮的模样。其实猪的天生习性是在远离吃、睡的地方排泄，这是从它的祖先那里遗传下来的习惯，因为野生情况下的猪在窝边排泄，容易被敌兽发现。只不过，现实生活中人们给了猪的条件有限，猪圈不仅拥挤不堪，甚至还被当做茅厕，又哪里会有专门供猪排泄的地方呢？

另外，我们总会看到猪在泥里打滚，不是因为他们爱脏，而是因为怕热。猪身上汗腺很少，天气热的时候，它们也想来一个冷水浴，但是找不到干净的水，只好滚在泥水里图个凉快了。

相较于其他动物，猪的食量很大，且是杂食性动物，所以人们常用"好吃"来形容。其实，猪吃食具有很强的选择性，凡是不爱吃的东西，绝不肯勉强吃下肚。另外，它也懂得少吃多餐，细嚼慢咽，所以猪极少因暴食而致病或死亡，因此可以说，猪是一种有节制的动物。

人们发现，猪猪们没有心眼，从不忧愁，善于享受生活，从无减肥之苦，这都是聪明的人苦心经营也无法得来的幸福，其实也是最为智慧的生活态度。于是，越来越多的人开始欣赏猪的"大智若愚"了。

如今，新的猪文化现象不断出现，很多人亲昵地称恋人或朋友为"猪头"，有关猪的动画片、小饰品、墙纸屏保也正在年轻人中风行，有的人甚至把猪当成了宠物。

□ 肖猪的民间崇拜

猪是最早被人类驯化为家畜的动物，与人们的日常生活关系最为密切。古人有对猪灵的崇拜，而猪对人类的生存、繁衍和发展也产生了重大的影响。

十二生肖中的猪是指家猪，而家猪的祖先是野猪。早在六七千年前，中国就已经开始对野猪驯化。在人与猪长期的共同发展过程中，猪对人们的日常生活以及日常观念甚至习俗的形成有着很深的影响。

1. 人类的猪灵崇拜

猪虽其貌不扬，却有开天辟地之功，古代神话传说中开天辟地的豨韦氏即是上古的大猪形象。道家庄周在《大宗师》中讲述了"道"创造世界时说，道"有情有信，无为无形，可传而不可受，可得而不可见，自本自根"。庄周认为，"道"要想创造世界首先必须借助于猪，即"豨韦氏得之，以挈天地"，先由猪来凿破鸿蒙、剖判天地，然后再由其他创世伟人轮番上阵。可见，猪在开天辟地中远居于伏羲、黄帝、西王母之前，如果没有猪劈开天地，众神甚至难以施其所长。

猪与生民造物的女娲也有着密切的联系。在中国神话中，女娲抟土造人、炼石补天，是人类的始祖。然而在一些地方的女娲庙中，女娲塑像是以肥猪为底座的。古人对猪的崇拜实质是生殖崇拜。猪作为生殖崇拜之对象在于猪之肥硕、丰腴、贪食、多产，禀具超常的生殖力。在辽宁牛河梁红山文化遗址当中，体态肥硕的女像和肥猪的雕像是并存的。汉唐时期盛行以胖为美的审美观，其实也有这方面的因素。

2. 猪对人类的贡献

人类的祖先最初是以素食为主，植物食品中只含有维生素、盐类和有机酸等人类所需的养料，蛋白质的含量很低。除了油料作物之外，脂肪的含量是很少的，而且还缺少造血的钴、锰、铁和铜等微量元素。如果人长期素食，蛋白质得不到充分供给，将会导致营养失衡、抗病能力降低、反应迟钝，也很容易衰老。人类在进化过程中，体力和智力上出现突飞猛进的变化，这与肉食的增加，特别是猪肉的增加是有很大关系的。自从野猪被人类驯化以后，猪生长速度快，食性杂，一直是人们最主要的肉食来源，猪肉富含蛋白质，极大地改善了人类的体力和智力。

此外，猪还可以提供优质的农家肥，猪的粪、尿等都是良好的有机肥料。猪喜欢以人所惧怕的蛇为食，在我国南方的一些地区，当农田里的蛇猖獗时，农民把猪放进田里消除蛇害。猪皮除了能够制革，还可以治疗血小板减少和严重烧伤。猪蹄甲可以治疗牛皮癣，肠可以做肠衣。猪的心脏瓣膜可以移植到人的身上，延长人的生命。猪的心脏等内脏器官与人的器官大小相仿，因此猪是医学研究的典型动物。从猪身上提取的类似人胰岛素的激素可以治疗人的糖尿病。猪鬃可制刷子，可以治烫伤，还可以做其他工业原料……可见，猪对于人们生活的改善以及社会的进步起着多么重要的作用。

"长命锁"中的生肖

▲ 长命锁

"长命锁"是挂于小孩儿脖子上的吉祥物，往往由两面组成，一面为生肖动物，属什么动物就刻什么动物，另一面则是"长命百岁"、"福禄安康"、"一生平安"等字样。"长命锁"中最讲究的是"百家锁"，由小孩儿家人到各家各户乞讨，每家只要一文钱，然后凑起来打一把银锁，象征"祈百家福"之意。在中国江南地区凑"百家锁"，要先将白米七粒、红茶七叶用红纸包起来，总共要准备两三百包，散给亲友，收回时各家须备礼钱一份，可多可少，以供买锁。人们相信，将这"百家锁"给孩子戴上，锁上刻着的十二生肖本命神就会保佑孩子健康成长了。

中国古代生肖文化

第三章
生肖与民俗

　　以十二生肖为标识的生肖民俗文化极富诗意，又趣味无穷，它那既实在朦胧和又真切浪漫的沉积，造就了源远流长的众多民俗文化中最为辉煌的篇章，达到了男女老少喜闻乐见和雅俗共赏的景象，成为深植和融化于华夏民族文化中经久不衰的经典式的优秀文化。

第一节　民俗中的生肖

▢ 生肖与名字

生肖取名是常见之事。属马者而名千里，属龙者而叫云从，这是一种美好的祝福，寄托着取名者对孩子的无限希望。这种深含祝福的生肖取名，亲切可人，犹如开放在生肖文化之苑中的一簇簇小花，五颜六色，清新自然。

以属相取名，古来有之。位列明代四大才子之首的唐寅以其才气而被载入中国美术史，又因他狂放不羁，玩世不恭，无限风流，且自诩为"江南第一风流才子"，为此成了民间传说中赫赫有名的才子佳人故事中的主角——唐伯虎点秋香，这个家喻户晓的韵事一直为人们津津乐道。妇孺皆知的名字伯虎，是他的字。他出生于 1470 年，庚寅虎年。他姓唐名寅字伯虎，名、字呼应，取自生年属相。当代书画家王学仲《画虎歌》："吴郡有唐寅，婀娜描仕女，误传好秋香，伯虎弗能虎。世人逐虚名，托名徒乱古，伯虎浮浪儿，传奇无足据，怜香惜玉人，焉窥虎肺腑。"这是借唐寅、伯虎名字做文章。

说到名字，除了名与号之外，人们通常都还会有一个乳名。

乳名，又称小名或小字。过去的民俗，为孩子取乳名是万万不可以马虎的事——即使是现在，这同样是件大事，现在一般多由孩子父母的长辈来取。乌丙安先生在《中国民俗学》中说："旧俗命乳名十分郑重，有的地方由生父携带糖、饼之类请村中长者、族中有威望者取名，名字要与长辈亲属的名字避讳，通常多取吉字做名，如贵儿、祥儿、小龙，但民间则更多的取'贱'名，或带有符咒意味的名，以求免灾，容易抚养。如'小狗子'、'猫仔'、'小牛'……"

金、元之时，人名用十二生肖的例子非常多，而当年北方少数民族纪年，直呼狗儿年、猪儿年之类。以生肖动物为人名，该是受了社会文化生活的影响。

事实上，无独有偶，不仅仅是汉族，以属相取名的情况在很多的少数民族中也是常见的。以新疆柯尔克孜族为例，在新疆柯尔克孜族里，属牛男孩的名字常缀以"克郎"，意为牛；辰年生属鱼的姑娘，名字缀以"百丽柯孜"，意为鱼年出生的女孩子。同样的情形在其他少数民族，如苗族等，也很常见，在此就不一一赘述了。

此外，对于生肖取名，在旧时还迷信各种"宜忌"。迷信"宜忌"的人，在取名时对生肖因素也是颇有些讲究的，对于给特定属相的人取名字时，有些部首的字宜用，有些则忌用，他们认为名字与生肖相合才吉祥，才能给人带来好运，仿佛人生的命运系在取名之举似的。

这种迷信被称为"生肖吉祥命名法"。人的名字只是一种代号，我们当然不会相信按照这种方法做就能给人带来吉祥和幸福。如果起个好名字就能一生幸福，那真是比烧香磕头还要轻捷便当。只可惜，天下并无此等美事，天上是不会掉馅饼的，套用时下流行的说法：就算掉，也只会掉铁饼。幸福当然是要靠我们自己来创造的，并不是一个所谓的好名字带来的，"赏赐的"。对于这类迷信，我们毋庸多言。

生肖取名，古来有之，流传至今。在这亘古的俗例中，生肖取名寄予着长辈们殷切的盼望和深深的祝福，是长辈们对孩子心与爱的表达。所以，就让我们好好地欣赏这民俗风情园中很浓重的一笔，真诚地传递它吧。

🔶 生肖与饮食

烹饪用猪肉，用牛羊肉，美食吃猴脑、吃长虫，"丰年留客足鸡豕"，济公和尚嚼狗肉，这些都为饮食文化增色。可是，谁能说这是吃生肖？

这里所要叙述的，不是十二生肖中哪些动物可做食物，供人们入口，而是要说一说生肖文化与饮食文化的相关之处，两者的搭界点。

唐代诗人白居易写过一句诗："亥日饶虾蟹，寅年足虎貙。"亥属水，故言"饶虾蟹"；寅为虎，所以"足虎貙。"如果这还算不上典型例证，请看宋代陶谷《清异录·馔馐》：

卯羹，纯兔。

兔为生肖，属卯。古人称兔肉汤为卯羹。

东汉时蔡邕的《月令问答》谈五时食肉，从生肖的五行归属角度讲生肖动物：

凡十二辰之禽五时所食者，必家人所畜。丑牛、未羊、戌犬、酉鸡、亥猪而已。其余龙虎以下，非食也。春，木王，木胜土，土王四季。四季之禽，牛属季夏，犬属季秋，故未羊可以为春食也。夏，火王，火胜金，故酉鸡可以为夏食也。季夏，土王，土胜水，当食豕而食牛。土，五行之尊者；牛，五畜之大者。四行之牲，无足以配土德者，故以牛为季夏食也。秋，金王，金胜木，寅虎非可食者，犬豕而无角，虎属也，故以犬为秋食也。冬，水王。水胜火，当食马，而礼不以马为牲，故以其类而食豕也。

蔡邕《月令》是记载十二生肖较早的文献之一。这段文字讲饮食，谈论丑牛、未羊等生肖，并引入五行说。

△ 糖人生肖鼠

我国古代一年分四季，每季的第三个月称季月，如三月为季春、六月为季夏、九月为季秋、十二月为季冬。古人以五行配四时，春为木，夏为火，秋为金，冬为水，剩下一个"土"就配给季月。这便有了所谓"五时所食"之说。

蔡邕以五行相克立论，讲春

季食未羊，是因春属木，木胜土，而属土的生肖有丑牛、未羊、戌狗（《论衡》也持此说），"牛属季夏，犬属季秋，故未羊可以为春食也"。讲"酉鸡可以为夏食"，是因夏属火，火能胜金，酉鸡属金成了夏天之食。讲季夏食丑牛，绕了个弯子。季夏属于土，土可以胜水，未讲食属水的猪，却说以属土的丑牛为食。蔡邕解释，土为五行之中最尊贵者，牛属土，是五畜中首要者，五行中其他四行所配的牲畜，"无足以配土德者"，这样季夏吃肉便要动宰牛之刀了。接下来说秋季，秋属金，金胜木，《论衡》"寅，木也，其禽，虎也"，寅虎不便食，以戌狗充之。再说冬，冬属水，水可胜火，午马属火，但"礼不以马为牲，故以其类而食豕"，这就成为"水胜水"的模式了。

蔡邕说，十二种生肖动物，人们饲养的五种宜为食用，"丑牛、未羊、戌狗、酉鸡、亥猪而已"。可是，他的一通解说却显得补漏洞而捉襟见肘，显得勉强。

饮食和生肖，蔡邕所言带有五行生克的神秘色彩。千年以后，民间则有名曰"十二象"的吃食，表现出一种辛酸的幽默。

标榜"食有肉"，又是猪牛羊等等的混合肉食，称为"十二象"，意思是说十二生肖一勺烩，从鼠至猪十二种动物全都有。李劼人《死水微澜》记录当时下层社会的生活，即端出"十二象"两大碗：

一天哪里讨不上二十个钱，那就可以吃荤了！四城门卖的十二象，五钱吃两大碗，乡坝里能够吗？

自然，这是大杂烩，而非珍馐佳肴。清末民初，在成都专门卖给穷人、乞丐的混合食品，取名"十二象"，既言有肉，又言其杂。

供品糕点也有以十二生肖造型的。《民间文艺季刊》1990年第1期载文，介绍对浙江嘉善县王家棣村"斋天"活动的调查。文章记"斋天"供品：

最突出的供品是糕点……也有捏制成的人物造型（孙悟空、唐僧、八仙等），动物造型（猴、狗、鸡等十二生肖），粗细不一，颜色五彩，各具形态。

斋天，就是祭天，表示对天神的崇敬，祈求天神保佑风调雨顺，五谷丰登。这种祭天活动的供品，有以十二生肖造型的糕点。其造型"有的憨厚有的活泼，栩栩如生，充分展示了制作者的虔诚和手艺"。

生肖也不单单被"饮"被"食"。遇到特殊时日，也会被邀请做一做饕餮客，请它们来"吃"。浙江一些地方，有念生肖的育儿习俗。孩子消化不佳，伤食肚痛，用小盏杯装满米，用布包紧。然后，将杯口在孩子的肚皮上轻轻地擦几下，同时念着："老鼠归老鼠，猪归猪，鸡归鸡，龙归龙……"将十二生肖念个遍，再说："孩子，它们都帮你吃，你一下子就不痛了。"

小孩子肚内积食，肠胃不和，念一念生肖歌谣，哄哄孩子，减轻病痛。在这近乎巫术的形式之中，生肖成了"特邀食客"。

■ 生肖与本命年

本命年的说法，最早出现于汉朝。它是指十二年一遇的农历属相所在的年份，俗称"属相年"。比如属鼠的人，每逢鼠年，便是他的本命年。

俗语说，"本命年犯太岁，太岁当头坐，无喜必有祸"，在中国文化中，本命年被认为是不吉利的年份，故民间又称之为"坎儿年"。

现代人的平均寿命在七十五岁左右，因而一生中大概要迈过六个"坎儿年"。古时候，人的寿命要短一些，因而到了人生的第五个本命年，古人便既觉庆幸，又不免心惊。

在中国很多地方都广泛流传，本命年实际上是本命元辰另一种形式的表达。民间传统认为，对于一个人来说，本命年是多灾多难的一年，是极为不利的凶年，一定要祈福辟邪以冲去灾祸，进而趋吉避凶。人们相信，在多灾殃的本命年必须进行"禳解"，才能逢凶化吉，青海河湟一带就有"本命禳解"的旧俗。

唐代诗人白居易就在六十花甲时一连赋诗五首，题为《七年元日对酒》，其中后两首写道："今朝吴与洛，相忆一欣然。梦得君知否，俱过本命年。""同岁崔何在，同年杜又无。应无藏避处，只有且欢娱。"

白居易以为自己在第五个本命年时已无处藏避，而民间认为，本命年不顺是有禳解之道的。红色，是太阳的颜色、血的颜色、火的颜色，中国人对红色推崇备至，认为它能够辟邪，过年、结婚等讲求吉祥顺利的重要场合，人们都需要红色唱主角，本命年也不例外。

在南北民俗中，都有在本命年挂红辟邪躲灾的传统。在大年三十，逢本命年的人，不论大人小孩，都早早地换上红色的内衣内裤，扎上红腰带，最好再佩戴一些红色饰物，如红丝绳、红项圈等，这也就是人们常说的"本命红"。

需要注意的是，这"本命红"也有一些讲究，比如红色内衣内裤一定要别人送，据说自己买的就没有辟邪的功效；身上系的红丝绳一般要戴一整年，直至新的一年来临。

人逢本命年还有拜祭"本命神"以求延寿的风俗。本命神的说法来源于道教，道教的"本命年"观念虽然取自于民间，却与之有所差别，它是指本人出生的六十甲子干支之年，也称"本命元辰"。如某人出生于甲子年，那么甲子即是其本命元辰，甲子年即是其本命年。

道教认为，六十甲子即六十星宿，将六十甲子人格化，便成了六十元辰星宿神。在北京著名的道观白云观中，就有一座元辰殿。殿中六十尊神像以生肖动物取形，文、武、长、幼形态各异，且各有姓名，如甲子太岁金辨大将军、乙丑太岁陈材大将军等。许多民众逢本命年时，便来到自己的本命神前烧香、叩头、施金，以求消灾获福，民间又称本命神为"求顺星"或"保护神"。

在中国一些地方民俗中，本命年的腊月三十晚间忌出门。这一天从太阳落山黄昏起，值本命年的成年人或孩子闭门不出，直到第二天太阳升起。已婚男子还要由妇人相陪伴。

▲ 红绳手链

过本命年，不单是汉族人的习俗。中国古代少数民族契丹族人也会以过本命年的方式来庆祝始生，辽代时，这种仪式称为"再生礼"或"复诞礼"。那时候，契丹人已使用生肖纪年，每逢本人生肖这一年，就要举行仪式来纪念，以报答母亲的养育之恩。

通过生肖文化的一角冰山——本命元辰和本命年，我们了解了广泛介入人们生活的民俗中的生肖文化，也是中国民俗的一个重要组成部分，而生肖的文化意义也多见于民间流传的风俗习惯之中。虽然其中不乏迷信的色彩，但是我们不能就此而抹掉了其积极的意义，毕竟瑕不掩瑜。

■ 生肖与年成

中国是一个农业大国，自古以来，老百姓靠天吃饭。正因如此，古人非常希望能够把握年成变化的规律，以便顺利开展农耕生产。于是，人们不免会揣测和观察诸多因素与年成的关系，而生肖作为一种纪年方式，自然也在他们的考虑之列。

直到今天，民间仍流传着不少与生肖相关的农谚，如"牛马年，好种田"，"羊马年，广收田"，"就怕鸡猴饿狗年"等，不少老百姓也会参照这些农谚来安排农事生产。

通过观察，古人发现天体运转对于地球自然环境变化存在周期性的影响。根据学者研究，先人对生肖与年成的关系的认识，也确有几分依据。

早在春秋时期，越国大夫计然（又名计倪）便在其所著的《计倪子》一书中，总结出了如下规律："太阴三岁处金则穰，三岁处水则毁，三岁处木则康，三岁处火则旱……天下六岁一穰，六岁一康，凡十二岁一饥，是以民相离也。故圣人早知天地之反，为之预备。"

所谓太阴，指的是木星，而在五行里，金代表西方，水代表北方，木代表东方，火代表南方，所以上面这段话所表达的意思是——当木星位于西方的三年时，农作物丰收；当木星位于北方的三年时，将发生水涝灾害，农作物减产；当木星位于东方的三年时，农业收成好，人们生活安康；当木星位于南方的三年时，将出现旱灾，农业收成不好。人们只要掌握了这种规律，就可以提前做好准备，并由此获得丰厚的经济利益。

在汉代的《淮南子·天文训》中，也有类似的表述："岁星之所居，五谷丰昌，其对为冲，岁乃有殃，故三岁而一饥，六岁而一衰，十二岁而一康。"岁星指木星，也就是说，古人认为影响地球上农作物生长规律的是木星，而其变化的大周期为十二年，小周期为三年或者六年。

古人的认识与现代科学研究结论是有吻合之处的。科学家发现，对地球气候影响较大的，实际是太阳黑子的活动，它的周期约为十一年，所以古人说农作物的丰歉以十二年为一个周期是有道理的。

至于古人认为影响地球的天体是木星的理由，有人说，木星围绕太阳公转的周期为 11.86 年，与太阳黑子的活动周期相接近，古人无法观测到后者，所以产生了误解。

根据现代气象学观测，在地球气候变化的十二年周期之内，也还有小幅的变化周期。古人显然观察到了这种现象，并将这个周期归纳为三年或六年。对此，现代科学尚未得出确切结论，不过旱涝年份确实是交替出现的，所以"牛马年，好种田"这句谚语也有一定道理。

与汉族类似，中国古代少数民族中，也有认为生肖年份与年成有关的。如柯尔克孜族人认为，虎年往往寒冷，河里的水多半会结冰。因此，他们会根据不同的年份特征来安排生产生活。

皇历是中国古时的历书，它以五行相克理论推出每日的吉凶和宜忌。旧时它是百姓家中的常见之物，今天人们提到过去的事时还常打趣地说："多少年前的老皇历了。"在皇历上面，大多印有十二生肖图。它还有"岁时记事"一栏，标着"几牛耕田""几龙治水"等字样：每年的第一个丑日在正月初几，就是"几牛耕田"；每年的第一个辰日在正月初几，就是"几龙治水"。这些字样有预测年成之意。

牛是农业的好帮手，所以耕田的牛越多，预示着收成就越好。可是龙多了却不一定是好事，"七龙治水"或"八龙治水"是风调雨顺的年头，而当龙的数目超过了十条，民间认为可能会出现两种情况：一种是众龙分工不明确，谁都不愿意干活，于是形成旱灾；另一种是每条龙都安分守己地降雨，造成洪灾。

■ 生肖与婚葬

结婚是人生大事，所以中国人对它慎之又慎，这在旧时婚姻上体现得尤为明显。

周代以来，男女婚姻就有"六礼"之说，即纳采、问名、纳吉、纳征、请期、亲迎，这是结成一段婚姻所需的六道程序，其中前两道是决定能否婚成的关键："纳采"指男方家请媒人去女方家提亲，女方家答应议婚后，男方家备礼前去求婚；"问名"指男方家请媒人问女方的名字和生辰八字，以占卜男女双方结婚是否适宜。

人的属相包含在生辰八字之中，所以属相是否相配，生肖是否相克，也是被参考的重要标准。

生肖属相的相生相克，与五行相生相克之道相关。五行是说世界由金、木、水、火、土这五种元素构成的。它们存在"相生相克"的关系，"相生"即相互促进的意思，即木生火，火生土，土生金，金生水，水生木；另一方面，"相克"即相互损害、不利的意思，即木克土，土克水，水克火，火克金，金克木。

古人将十二地支也划归五行之中：寅卯为木，巳午为火，申酉为金，亥子为水，辰未戌丑为土。用十二地支的五行所属再去套生肖，于是，属木的为虎、兔；属火的为马、蛇；属水的为鼠、猪；属金的为猴、鸡；属土的为牛、龙、羊、狗，推而论之，生肖之间也就有了相生相克的关系。

上面的那一套，推算起来很麻烦，怪不得古人干脆将生辰八字的具体测算工作交给方家术士去处理，自己只掌握最简单但关键的原则。

老百姓心中最根深蒂固的属相配对原则，还要数"六合六冲"。"六合"指鼠与牛为合，虎与猪为合，兔与狗为合，龙与鸡为合，蛇与猴为合，马与羊为合；"六冲"指鼠与马相冲，牛与羊相冲，虎与猴相冲，兔与鸡相冲，龙与狗相冲，蛇与猪相冲。过去，人们选择婚姻对象时，一定会趋六合、避六冲。

除"六冲"之外，在民间婚配禁忌中，又有"相害"之说，即认为属于相害生肖的两个人结亲是犯了大相，为下下等的婚配。为方便记忆和传承，老百姓把这种禁忌也编成了民谣，下面这首民谣流传已久：

自古白马怕青牛，羊鼠相交一旦休。

蛇虎婚配如刀错，兔见龙王泪交流。

金鸡玉犬难躲避，猪与猿猴不到头。

还有许多婚配禁忌，用谚语的形式表现出来，如"龙虎相斗，必有一伤""两只羊活不长""两虎不同山""青龙克白虎""虎鼠不结亲"等。

生肖婚配对女性的要求比对男性苛刻，尤其是对属虎和属羊的女性。对于女方属虎的禁忌，民间有"虎进门，便伤人"的说法，夜间出生的属虎女子，忌之尤甚，因为老虎总是夜间出来吃人的。民间还将夜间出生的属虎女子，分为前半夜出生的"下山虎"和后半夜出生的"上山虎"，认为"下山虎"比"上山虎"更加凶险："下山虎"是找食吃的，一定伤人；"上山虎"则已经吃饱，不一定再为害了。因此，过去很多男方家庭不愿找属虎的姑娘做媳妇。

对于属羊女性的命运，民间流传有顺口溜："女属羊。命根硬，克夫克爹又克娘"。俗语"十羊九不全"，意思是属羊的人命不好，十个中有九个家人不全，不是小小的没有父母，就是中途丧偶，或者没儿没女。正因如此，从前一些属羊的姑娘为了能嫁得出去，只得加一岁谎称属马，或者是减一岁谎称属猴。

在过去有很多地方在合婚之前，不仅挑剔对方生年，还要挑剔对方的生月。一些属相生在特定月份，被称为"犯月"，不吉利。

有些地方的生肖婚配俗信，已不仅限于婚配双方，还波及旁人。过去，青海河湟地区将生肖分为四组：猴鼠龙、蛇鸡牛、虎马狗、猪兔羊，划归一组者为相合，并流行"马前三煞，马后贵人"的婚俗。

"马"指值年生肖，值年生肖之前的那个生肖及其相合的两个生肖被称为"马前三煞"，属于避相，凡属这三相的眷属（包括娘家和婆家），从新娘出闺到入洞房，不得与新娘接触；值年生肖之后的那个生肖及其相合的两个生肖为"马后贵人"，护送新娘则用此三相之人。属相既非"马前"、又非"马后"的人，叫做"散相"。如果"马后贵人"凑不齐，可用"散相"之人凑数。

在婚姻习俗中，除了人与生肖有关，结婚的日子与它也有关系。请期，俗称"看日子"，也是结婚之前必办的一道手续。据说嫁娶的日子能影响婚姻当事人的一生祸福和家庭兴衰，所以，民间非常重视。结婚"看日子"有些宜忌跟生肖相关。首先，是本命年不结婚，否则会对婚姻不利。

另外，还有"禁婚年"的说法。男性的禁婚年是：子年禁蛇相，丑年禁马相，寅年禁羊相，卯年禁猴相，辰年禁鸡相，巳年禁狗相，午年禁猪相，未年禁鼠相，申年禁牛相，酉年禁虎相，戌年禁兔相，亥年禁龙相。女性的禁婚年为：子年忌兔相，丑年忌虎相，寅年忌牛相，卯年忌鼠相，辰年忌猪相，巳年忌狗相，午年忌鸡相，未年忌猴相，申年忌羊相，酉年忌马相，戌年忌蛇相，亥年忌龙相。

避开"禁婚年"之后，还要择定月份。多以女方的"生辰八字"为准。按旧时"婚书"规定，每个属相在一年中，有两个"大利月"和两个"小利月"。"大利月"的口诀是：

正、七迎鸡兔，二、八虎和猴，

三、九蛇与猪，四、十龙狗行，

五、冬牛羊出，六、腊鼠马同。

"小利月"的口诀是：

正、七迎龙狗，二、八牛羊行，

三、九鼠马走，四、十鸡兔迎，

五、冬虎猴出，六、腊蛇猪同。

为了大吉，人们多使用"大利月"。万一在"大利月"里因故不能完婚，就只得在"小利月"里找好日子了。

与生肖相关的婚姻习俗不仅汉族有，也存在于少数民族中。过去，云南碧江县的傈僳族也相信"六冲"，认为这六种对冲的属相不能结婚，否则容易多病或者死亡，必须祭祀专门掌管生肖冲害这类事情的"屈腊尼"。由于采用生肖纪日，傈僳族同胞在选择结婚的日子时也要参考生肖，他们一般将订婚日期选在属鼠、虎、蛇、猴、鸡、猪日，而结婚日期则只能在鼠、猴、蛇三日之中选择。

红白喜事，总有关系，既然婚事与生肖密切相关，丧事也是此理。在介绍生肖兔时已经提到，选择墓地时，"蛇盘兔"的地形非常受欢迎。《金瓶梅》第六十二回写西门庆的第六房妾李瓶儿染病将亡，请来潘道士禳解，潘道士问明李瓶儿属羊，年二十七，就要为她祭本命星坛，具体方法是：

"就是今晚三更正子时，用白灰界画，建立灯坛，以黄绢围之，镇以生辰坛斗，祭以五谷枣汤，不用酒脯，只用本命灯二十七盏，上浮以华盖之仪，余无他物。官人可斋戒青衣，坛内俯伏行礼，贫道祭之，鸡犬皆开去，不可入来打搅。"

而李瓶儿死后，西门庆为其置丧时，徐先生所批殃榜（旧时阴阳家开具死者年寿及回煞等事的文件）中又提到了"入殓之时，忌龙、虎、鸡、蛇四生人"这样的丧俗忌讳。

第二节 宗教中的生肖

■ 道教中的生肖

将生肖文化附着于道教文化，两者之间相互吸收与影响，不仅丰富了道教的内容，还赋予例如生肖文化更加神秘的色彩与文化内涵。

道教是中国土生土长的宗教，恰恰如此，生肖文化也才能与道教融合得天衣无缝。在道教中到处都可窥见生肖文化的踪迹。

1. 十二生肖铜羊

在成都青羊宫三清殿内有两只铜羊，其中独角的一只即为著名的十二生肖铜羊。传说这只铜羊本为南宋宰相贾似道家中所有，后几经周转移于青羊宫内。铜羊底座有铭文："京师市上得铜羊，移往成都古道场。出关尹喜似相识，寻到华阳乐未央。"因为这只铜羊从十二种生肖动物身上各采一部分，分别为鼠耳、牛鼻、虎爪、兔背、龙角、蛇尾、马嘴、羊胡、猴颈、鸡眼、狗腹和猪臀，所以被称为"十二生肖铜羊"。据说，假如身上该部分疼痛，只须在铜羊身上的该部分摸一摸便会好，当然，这只是后人的穿凿附会而已。不过，自古只有骆驼占全十二生肖、大象全身十二生肖肉的说法，而青羊宫里的铜羊也集十二生肖于一身，体现了生肖文化对道教文化的影响以及道教文化包容性的特点。

2. 二十八宿神

保存于山西晋城玉皇庙里的元代彩塑二十八宿神，堪称古代道教造像的珍品。这二十八宿神的造像有手臂间伏鼠的虚日鼠，有饲豕的室火猪，有放兔的房日兔，有驯猴的觜火猴，有斗鸡的昴日鸡，有伏虎的尾火虎，有牵牛的牛金牛……其中，各个宿神又都神态各异：危月燕单手托月轮飞燕，神态儒雅，若有所思；而翼火蛇剽悍勇猛，手攥长蛇，袒胸露怀，怒目圆睁……

道教显然是套用十二生肖的形式，由此再加以发展完善，便成了二十八宿神。明初叶子奇的《草木子》一书中也有这种说法："又以十二肖同类之属分阴阳，配为二十八星，禽如虎，则配豹是也。每辰二禽，四正之辰三禽。"

3.六十甲子太岁

"六十"为十二地支与十天干和十二生肖相结合而衍生出来的数字，因此道教中又有六十甲子太岁之说。六十甲子配以星宿，则为六十星宿神。六十甲子的神像里，表现出生肖动物图形者有十五种，恰好四分之一。其中，动用最多的形式为头饰，例如：丁卯头顶白兔头饰；辛未头顶白羊头饰；癸未头顶黑羊头饰；丁亥头顶猪头饰；己丑头顶黑牛头饰；乙未头顶白羊头饰；丁酉头顶红冠鸡头饰；己亥头顶黑色大耳猪头饰；戊午头顶白马头饰；壬寅头顶老虎头饰，且膝下一小虎。此外，戊辰双手握龙，壬辰双手托碧水金龙，以及癸巳手中捏蛇，为一种形式；戊午胸前马头，为一种形式。

此外，道教的香炉、八卦、神殿等当中都有取材于十二生肖的痕迹，只是在此生肖文化已被打上了很浓的道教色彩。为此，我们应该分清楚哪些是道教中的生肖文化，而哪些又是民俗中的生肖文化，不应把两者混为一谈。

■ 佛教中的生肖

十二生肖原与佛教并无任何联系，属于两个独立的文化系统，但随着历史的发展，两种文化相互影响、融合，佛教文化中有生肖文化的影子，生肖中也有佛教文化的痕迹。

▲ 道教八卦铜香炉

众所周知，佛教并非中国本地的，最早是由印度传入中国的，然而译介者在佛经翻译过程当中为了迎合佛经的汉化，特地在佛经当中加入了中国的传统文化，生肖文化亦在其中。

1. 十二天宫守卫

佛教中传说，如来佛祖委托"大势至"菩萨选十二种动物为天宫守卫。"大势至"菩萨传达了佛旨后，各种动物纷纷赶来。首先到达的动物是猫，后面依次是鼠、牛、虎、兔、龙、蛇、马、羊、猴、鸡和狗。"大势至"菩萨把先到者选为守卫，并请他们静候如来佛祖驾临。猫等得不耐烦，就溜出去玩耍去了。直到如来佛祖到来之时猫还没有回来，这时正好猪赶来，就排在了最后一位，猫则落选了。

这则故事从侧面反映出佛教"海纳百川"、"有容乃大"之势以及生肖文化在佛教当中的重要性。

2. 十二护法神将

在佛教经典《大集经》中，曾这样记载："阎浮提外，四方海中，有十二兽，并是菩萨化导。人道初生，当菩萨住窟，即属此兽护持、得益……"结合印度早期的神话《阿婆缚纱》分析，十二生肖即为十二个神将的驾兽，后来逐渐演变成了佛教的护法神将。

据佛经《药师本愿经》中记载，东方净琉璃世界的本尊称作药师佛，他在成佛时曾发下十二个誓愿，救众生之病源，治无名之痼疾。因此，佛弟子当中，流传着弥陀有四十八大愿、药师有十二大愿的美谈。所谓的十二大愿，则是依佛教的基本思想，即"苦、集、灭、道"为中心而展开的。与十二大愿相对应的则是药师佛手下的十二位护法神将，他们又按昼夜十二辰划分护守，与十二生肖一一对应。

据佛教文献说，十二神将又称十二神明王，即药师之十二神，他们的顺序恰好与汉地的十二生肖排列是一致的：

毗羯罗大将：本尊为释迦如来，是子时之守护神。通身青色，现忿怒形，头戴鼠冠，右手下垂持三钴，左手作拉右袖之形态。

招杜罗大将：本尊为金刚手菩萨，是丑时之守护神。通身赤色，现忿怒形，头戴牛冠，右手把横剑，左手开掌执剑尖。

真达罗大将：本尊为普贤菩萨，是寅时之守护神。现笑怒容貌，头戴虎冠，右手捧宝珠，左手把宝棒。

摩虎罗大将：本尊为药师如来，是卯时之守护神。通身青色，稍作忿怒相，头发赤色上耸，头戴兔冠，右手做拳当腰，左手持斧。

波夷罗大将：本尊为文殊菩萨，是辰时之守护神。身呈白肉色，容貌忿怒，头戴龙冠，右手屈臂，作拳携矢，左手持弓。

因达罗大将：本尊为地藏菩萨，是巳时之守护神。通身赤色，头戴蛇冠，右手屈肘开掌，置于胸边，左手执三股戟。

珊底罗大将：本尊为虚空藏菩萨，是午时之守护神。通身赤色，现忿怒形，头戴马冠，右手把三股戟，左手持螺具。

额尔罗大将：本尊为摩利支天，是未时之守护神。通身白色，现忿怒形，头发上耸，头戴羊冠，右手执箭羽，左手持矢根，将此箭弯成弓形。

安底罗大将：本尊为观世音菩萨，是申时之守护神。通身赤色，现大忿怒形，头戴猴冠，右手屈肘于右胸前开掌向前，屈左手，开掌，掌上放宝珠。

米企罗大将：本尊为阿弥陀如来，是酉时之守护神。通身赤色，现忿怒形，头戴鸡冠，右手持独钻，左手作拳押下腹部。

伐折罗大将：本尊为势至菩萨，是戌时之守护神。通身青色，现忿怒形，头发茂盛耸上，头戴狗冠，右手持剑，左手作拳当腰。

宫毗罗大将：本尊为弥勒菩萨，是亥时之守护神。通身赤色，现忿怒形，头戴猪冠，右手执大刀横于头上，左手开掌当腰。

以上这十二位生肖护法神将组成了严密的护法方位体系，在佛经中有为众生消灾祛难、镇邪扶正的寓意。

△ 伐折罗大将

干支纪年与生肖纪年

现在通行公元纪年，我们对于干支纪年也并不会陌生，诸如我们熟悉的"甲午战争"、"戊戌变法"、"辛亥革命"等，采用的都是干支纪年的方法。在大多数人的印象之中，生肖纪年也是和干支纪年紧密结合在一起的。

中国传统的历法——农历早在距今三千多年前的夏朝就已经完备，所以农历又被称为"夏历"，夏历所采用的就是干支纪年法。干支纪年以十天干和十二地支的相配为序，"十天干"是甲、乙、丙、丁、戊、己、庚、辛、壬、癸的统称，而子、丑、寅、卯、辰、巳、午、未、申、酉、戌、亥则被称为"十二地支"。由于十天干与十二地支两两相配后只有六十组，而其与十二生肖的结合则可以区别同一生肖的不同年份，所以先人们才把三者结合在一起用来纪年。藏历纪年以及中国历史上西夏和元朝两个王朝的纪年都是较为典型的对于生肖纪年的运用。

藏历纪年，鼠、牛、虎、兔等十二生肖不仅依次配合木、火、金、水、土五行，还要同阴阳相结合。其配合之法同十天干有对应关系，即以甲乙为木、丙丁为火、戊己为土、庚辛为金、壬癸为水。以上五对，每对中前者为阳，后者为阴。藏历纪年虽然没有明确标示干支，但隐含着干支顺序。

元朝是由蒙古族建立的，蒙古族以十二生肖纪年，其纪年以虎年为首，顺序为虎、兔、龙、蛇、马、羊、猴、鸡、狗、猪、鼠、牛。元代纪年，往往在生肖之后加上"儿"和"年"两个字，如"鼠儿年"、"牛儿年"一类，这在《元史·五行志》中有所体现："至正元年，淮楚间童谣云：'富汉莫起楼，穷汉莫起屋，但看羊儿年，便是吴家国。'"

将天干地支与十二生肖结合用以于纪年，彰显了我国古代人民的智慧，同时，也是贯穿于中国传统生肖文化的生命线。

第四章
我国少数民族及国外生肖

　　生肖文化是人类的共同财富，我国少数民族对其做了积极的发扬，丰富了生肖文化的内涵，使其更加丰富多彩。我们知道生肖并不是中国所独有的，世界上其他国家也存在着生肖，生肖文化也各有特色。

第一节　我国少数民族的生肖文化

　　由于生存环境的不同、熟悉物种的不同，各民族都选择了最亲近的动物作为本族的生肖动物，因而在生肖文化上存在一定的差异。除了在生肖动物选择上的变异及其随之产生的差别外，少数民族还形成了各自不同的纪年、纪日方法，由此产生了丰富多彩的节日和风俗。

■ 傣族十二生肖

　　学者研究认为，早在汉朝时期，汉民族的十二生肖干支就传入傣族，并一直沿用至今。傣族中各地区的十二生肖也稍有不同，其中德宏地区与汉族完全相同，而西双版纳地区则把"猪"改为当地比较常见的"象"，龙改为"大蛇"或"蛟"。傣族使用的比较普遍的十二生肖分别为鼠、牛、虎、兔、大蛇、蛇、马、羊、猴、鸡、狗、象。

　　汉族的十二生肖对傣族的历法产生了重大影响，是傣历不可或缺的重要组成部分。其方法就是将十天干和十二地支相互搭配得六十甲子，再以这六十个搭配来纪年、纪日，和农历相差不多，同时还单用十二地支纪月。

　　在西双版纳等地区，十二生肖与地支相配，不仅用来纪年，还用来纪月和纪日。傣历中的"骨"是汉族的"年"，"血"为"月"，"皮"为"日"。他们所说的"子年鼠骨"就是"子年鼠年"；"一月鼠血"就是"一月鼠月"、"申日猴皮"就是"申日猴日"，以此类推……可见汉族的十二生肖在传入傣族以后，生肖在傣历中的应用要远远丰富于它在汉族中的应用。

■ 藏族十二生肖

　　传统观念认为，藏族的生肖纪年法是在公元七世纪时由唐文成公主出嫁松赞干布带去的。藏族的生肖纪年，六十年为一甲子，藏语称"回登"，为木鼠之意，藏族六十甲子便从木鼠年开始，相当于汉族的甲子年。藏历生肖纪年具有将阴阳、五行、肖兽融合一体的特点，因此有"阴火兔年"、"阳土龙年"、"阳金猴年"之类的叫法。

　　藏历生肖纪年与阴阳、五行的具体配合与十天干有对应关系，以甲乙为木、丙丁为火、戊己为土、庚辛为金、壬癸为水。以上五对，每对中前者为阳，后者为阴。藏历纪年虽没有明确标明天干地支，但隐含着干支的顺序。另外藏历中还以男女代替阴阳，如阴金牛年又叫女金牛年，阳水虎年又叫男水虎年。

■ 凉山彝族十二生肖

　　彝族的十二生肖源于开始的图腾崇拜，因而彝历有着极其悠久的历史。

　　现在彝族一般采取十二月历，用十二肖兽纪年、纪月、纪日。但各地的十二肖兽也不尽相同，如哀牢山彝族十二兽为：虎、兔、穿山甲、蛇、马、羊、猴、鸡、狗、猪、鼠、牛；川滇黔彝族十二兽为：鼠、牛、虎、兔、龙、蛇、马、羊、猴、鸡、狗、猪；桂西彝族十二兽为：龙、凤、马、蚁、人、鸡、狗、猪、雀、牛、虎、蛇；而凉山彝族十二兽则与汉族的相同。

　　和汉族用十二生肖纪年不同，生活在四川凉山地区的彝族不仅仅用生肖来纪年，其年、月、日均以鼠、牛、虎、兔、龙、蛇、马、羊、猴、鸡、狗、猪纪。每一兽名各纪一年，十二年一轮，年代及年龄的计算有一个方便的口诀："一轮十三，二轮二十五，三

△ 陶制鸡

轮三十七，四轮四十九，五轮六十一……"依次类推。

凉山彝族纪月也是采用十二属相来纪，并以相应的动物命名，分别是鼠月、牛月、虎月、兔月、龙月、蛇月、马月、羊月、猴月、鸡月、狗月、猪月。一年循环一次。只是各地所用的首月有所差异，有的地区以羊月为首月，有的地区以马月为首月，还有的地区以猴月为首月。纪日的方法也采用十二兽，十二日为一轮，不受年月的影响，无限制地循环下去。

彝族十二属相还用于谈婚论嫁当中，彝族的择偶是有严格要求的。他们在订婚时非常重视对方的民族、等级等等条件，也就是古时讲的门当户对。除此之外，男女双方还特别重视对方的生辰属相与自己的是否相适合。他们认为不同属相的组合可凶可吉，谈婚论嫁当然要选择吉利的组合，在民间还流传着这样的口诀："兔猪羊相随，牛蛇鸡相伴，狗马虎相合，猴龙鼠相和。"合乎上述口诀者为最佳，当然最好，但不符合也无大碍。他们最忌讳的是属虎者与属鸡、羊者配，因为"虎来吃鸡羊"。关于这方面的习俗与忌讳和汉族有着惊人的相似。

彝族十二属相纪历的历法还被应用到占卜命运的民间巫术之当中，凉山彝族民间认为人与木、火、土、铁、水五种元素关系密切，人只有与之和谐相处，才是顺应天意，人生才能顺利。人的命运都处于五种元素与"公""母"配合而成的十种命运之中，即"木公"、"木母"、"火公"、"火母"、"土公"、"土母"、"铁公"、"铁母"、"水公"、"水母"的和谐称为"特补特莫"，"特"为和谐之意，"补"为阳，"莫"为阴，认为以上十种命运是和谐的阴阳配属。此外还将十种命运与十二属相相配，形成"纪年周期表"，以六十年一轮的纪年周期表来占算人的命运。在这一点上，它与汉族的生肖文化也极其相似。

■ 纳西族十二生肖

纳西族是居住于云南省境内的少数民族，是古代羌人的一支。

纳西族以生肖纪日，方法非常独特，并配以方位。他们将一年十二个月分为大月和小月，每月都是 30 天，单月第一天为猴日，按猴、鸡、狗、猪、鼠、牛、虎、兔、龙、蛇、马、羊的顺序往下排，一直排至单月的第 29 天为鼠日；进入双月时，跳过双月第一天并不是牛日，而是把牛日跳过去，定为虎日。

■ 其他少数民族十二生肖

哀牢山彝族

十二兽：虎、兔、穿山甲、蛇、马、羊、猴、鸡、狗、猪、鼠、牛

桂西彝族

十二兽：龙、凤、马、蚁、人、鸡、狗、猪、雀、牛、虎、蛇

广西壮族

十二兽：鼠、牛、虎、兔、龙、蛇、马、羊、猴、鸡、狗、猪

海南黎族

十二兽：鸡、狗、猪、鼠、牛、虫、兔、龙、蛇、马、羊、猴

柯尔克孜族

十二兽：鼠、牛、虎、兔、鱼、蛇、马、羊、狐狸、鸡、狗、猪

蒙古族

十二兽：虎、兔、龙、蛇、马、羊、猴、鸡、狗、猪、鼠、牛

新疆维吾尔族

十二兽：鼠、牛、虎、兔、鱼、蛇、马、羊、猴、鸡、狗、猪

云南傣族

十二兽：鼠、黄牛、虎、兔、大蛇、蛇、马、山羊、猴、鸡、狗、象

从这罗列的材料可以看出，我国许多少数民族如蒙古、部分彝族的十二生肖受汉族影响很大，与汉族基本一致。但有的民族在接收汉族生肖文化的同时又产生了一些变异，产生了带有本民族特色的生肖，进而丰富了我国的生肖文化。比如哀牢山彝族同胞在十二生肖系列中，

用穿山甲代替了龙的位置；海南黎族同胞以十二生肖纪日，其次序以鸡起首，以猴为尾；新疆柯尔克孜族十二生肖中则以鱼代龙、以狐狸取代猴；和其他民族以生肖纪年不同，生活在西双版纳地区的傣族以黄牛代替牛，以山羊代羊，亥的属相不是猪而是象。

第二节　国外的生肖文化

　　生肖并不是中国所独有的，世界上其他国家也存在着生肖，生肖文化也各有特色。如我国的近邻越南和印度，前者的十二生肖除有猫无兔、后者除有狮无虎外，其余均与我国相同；日本的生肖虽与我国相同，但其排列顺序并不一致。下面我们来了解一下国外的十二生肖文化。

■ 日　本

　　日本学者认为，日本的生肖文化是在奈良时期（公元 8 世纪）之前由中国传入的。日本的古代文物"十二支雕刻石板"证明，早在 1300 年前日本便有子为鼠、丑为牛……戌为犬、亥为猪的说法了。日语读十二支，将子读为鼠、丑读为牛等，从这种意义上讲，在地支与属相结合的紧密程度上，似乎比中国有过之而无不及。

　　日本古代的民间有祭祀亥神的风俗，他们也相信关于生肖相克的迷信。在日本，河流多的地方流传着关于河童的古老传说，有些地方还在河岸边修建了河童之祠。河童体形像猿，又具鼠的嘴脸，背着乌龟壳。河童的头上顶着一个盘子，据说盘中的水一旦干涸，河童就会死亡。河童喜欢与马争斗，能把比自己高大很多的烈马拉到水里，战而胜之。对这一传说，日本的民俗研究者吉野裕子根据五行原理进行分析，认为河童形象体现了"水

▲ 传说中的猴

的三合"，即申（猴）、子（鼠）、辰（龙）所代表的水气的生、壮、死过程。河童胜马（午），以象征水的"子"战胜象征火的"午"，来体现五行相克中的水克火。所以，弱小的河童能够战胜庞大的马。古代日本从中国引进了生肖文化，也引进了阴阳五行的学说。而且，关于龙的民间故事中，日本也有青年人入龙宫传说。

鉴于此，在日本的生肖文化中，中国生肖文化的影子非常明显。

☐ 泰　国

泰国生肖也有十二个，且生肖动物与中国的完全相同，但排列顺序不同：蛇、马、羊、猴、鸡、狗、猪、鼠、牛、虎、兔、龙。生肖十二年轮一番，称为小周纪年法。

与"小周"相对的是大周纪年法，大周纪年法六十年一周期，不用干支，直呼生肖，并以从一至十的十个数目字相配合，应该说它是中国干支纪年法的变形。大周纪年法的起始年为蛇一年，接下去是马二年、羊三年……牛九年、虎十年之后为兔一年、龙二年、蛇三年、马四年……每种生肖轮五次，每个数目字轮六次，最后由兔九年、龙十年收尾，六十年后新一轮的大周纪年法便又从蛇一年开始了。

☐ 缅　甸

缅甸的生肖在东南亚地区别具一格。缅甸人在吸收中国生肖文化的同时，又进行了较大规模的修整与改造。他们变十二生肖为八大生肖，分别配以八大星球之名，自周一至周日依序排列，如周一为太阳，出生的人属虎；周二为火星，出生的人属狮子；周三上午为水星，出生的人属双牙象；下午出生的为魁星，出生的人属无牙象等。

当然，在中国传统民俗文化中，生肖文化并不只是十二种动物那么简单，而是具有深刻的历史和文化内涵包孕其中的。十二生肖包含着十二种动物，但十二种动物未必可以形成十二生肖文化。也正因为如此，生肖文化才得以在世界范围内发扬广大。随着十二生肖文化的域外传播，十二生肖已不仅仅是中国人民的文化遗产，同时也逐渐成为了全世界共同的文化财富。

■ 欧 洲

对我国读者来说，相对熟悉的不是其生肖，而是其黄道十二宫。对于以上埃及、希腊、巴比伦的三组生肖，中国读者几近不闻。但对于西方的黄道十二宫，很多人却是非常熟悉的。欧洲国家多以星座替代生肖，按月推算。

欧洲各国的生肖基本相同，多以天文学上的星宿为生肖。如法国人以宝瓶、双鱼、摩羯、金牛、白羊、巨蟹、双子、狮子、室女、天蝎、人马等组成十二生肖。

欧洲人讲黄道十二宫，始于希腊人向巴比伦汲取天文学营养，并接受了巴比伦的占星术，所以其发轫之功应记在古希腊文化的册页上。公元前 3 世纪，为向希腊人介绍巴比伦的历史、天文学和占星术，贝罗索斯（他曾担任过巴比伦的祭司）用希腊文撰写了一部《巴比伦志》，其中就讲到了黄道十二星座的巨蟹座和白羊座。

在古代美洲的各种文明中，高度发达的美洲玛雅文化被公认为是最高的文明，是人类文明史上又一光彩夺目的一笔。王大有等学者经过长期研究，从不同的角度证实了玛雅文明的根在中国，玛雅文明是中国文明的一个分支。这一观点，得到很多人的认同。

大约两万年前，由亚洲东北部出发的原始人"发现"了"新大陆"，并在那里定居下来。当 15 世纪末，美洲大陆又被欧洲人重新"发现"时，这片大陆的土著民族被称为印第安人。印第安人的一支——中美的玛雅人，创造了独具特色的文化。据研究，玛雅文化在公元前 1000 年前后开始创立。玛雅人以其独创的象形文字纪历，并将其镌刻于碑。

▲ 黄道十二宫

美洲玛雅文化历史悠久，保留下黄道十三宫的史料，玛雅人借助黄道十三宫观测太阳等天体的运行。玛雅黄道十三宫的名称有：响尾蛇、海龟、蝎子、蝙蝠等，均取于动物。

随着人类文明的进步，"属相"之类仍然饱有很强的民俗生命力。即便在现代文明高度发展的今天，在现代科学技术高度发达的西方世界，"属相"之类却依然流行，其态势丝毫不亚于生肖在中国。在德国，无论长幼，人们对自己的"生肖"都记得相当清楚。通俗杂志上时常刊登一些年轻人的经历和爱好等情况，并按照生肖顺序排列起来，对照比较，以便读者自己可以"对号入座"。法国的一些报纸上，也经常登载有关属相的文章，广泛印行的小日历卡上标着属相。对此，有当地人们许多附会的说法，比如：说属天秤宫的人处世公正、刚直不阿，属宝瓶宫的人思想前卫、思维敏捷，属室女宫的人天真纯洁、属狮子宫的人刚毅勇敢等。如此情形，就如在中国人们对于生肖的附会。比如：属鼠的人聪明伶俐，属牛的人脚踏实地、敦厚老实，属虎的人勇往直前、百折不回等等。

近年来，西方黄道十二宫及其有关的许多附会的说法大有风靡世界之势。在中国，它与中国的生肖相结合，备受许多年轻人的喜爱。

 知识链接

中国古书中对于柬埔寨生肖的记载

柬埔寨在中国古代被称为真腊。元代成宗元贞年间，学者周达观随使去往真腊，编著了一部记录柬埔寨当地风俗人情的著作《真腊风土记》，其中就有关于柬埔寨十二生肖的记载："十二生肖亦与中国同，但所呼之名异耳。如以马为卜赛，呼鸡为蛮，呼猪为直庐，呼牛为个之类也。"从此记载中可以看出，柬埔寨的生肖文化在吸收中国生肖文化的基础上加入了本国自己的特色，显示了中国生肖文化的持久生命力和强大融合力以及对于其他国家尤其是周边各国的深远影响力。

第五章
生肖语言

　　生肖文化由来已久，在中国的民俗文化中它无处不在，而生肖语言也是多姿多彩，散发着令人着迷的光辉。关于生肖的成语、歇后语、诗词、民歌等生肖语言各具特色，这是中国生肖文化的一个重要体现。生肖语言，作为一种文化形式，渗入人们日常生活的每一个角落，给人们的生活增添了色彩。

第一节　生肖的成语

■ 鼠

抱头鼠窜　抱着头，像老鼠那样惊慌逃跑。形容遭受打击后狼狈而逃。

胆小如鼠　胆子像老鼠一样小，形容胆子非常小。

过街老鼠　比喻人人痛恨的坏人。

鼠牙雀角　《诗经·召南·行露》："谁谓雀无角，何以穿我屋？……谁谓鼠无牙，何以穿我墙？"意思是强暴侵凌，引起争讼。后以"鼠牙雀角"用为争讼之辞。

投鼠忌器　想要用东西投掷老鼠，又害怕砸碎了老鼠附近的用具。比喻有所顾忌，做事不敢放肆。《汉书·贾谊传》："欲投鼠而忌器。"

罗雀掘鼠　用网捕麻雀，挖掘老鼠洞找粮食。旧时比喻用尽办法筹措款项。

猫鼠同眠　猫和老鼠睡在一起。比喻上下包庇，一起干坏事。

鼠目寸光　形容目光短浅，只能看到眼前的利益，不能看到远处的利益。

鼠窃狗盗　指小偷小盗。

獐头鼠目　《旧唐书·李揆传》："龙章凤姿之士不见用，獐头鼠目之子仍求官。"原形容人贫贱穷酸的样子，后多用以形容相貌丑恶猥琐、心术不正的人。

虫臂鼠肝　昆虫的大腿，老鼠的肝。《庄子·大宗师》："以汝为鼠肝乎？以汝为虫臂乎？"意思是以人之大，亦可以化为虫臂鼠肝那样微小的东西。比喻随缘而化，没有一定准则。

🟨 牛

初生之犊不怕虎　犊，出生不久的小牛。原比喻年轻人有勇气但经验不足。现多用于比喻年轻人敢于大胆创新。

对牛弹琴　出自《庄子·齐物论》"非所明而明之"句，郭象注："是犹对牛鼓簧耳。"后来用于对蠢人讲大道理白费口舌，含有看不起对方的意思。

泥牛入海　泥塑的牛放到海里去，比喻一去不返。

牛刀小试　比喻有大本领的人，在小事情上就已经表现出才干。

九牛二虎之力　九头牛加两只虎的力量，比喻很大的力量。

九牛一毛　从九头牛身上拔出一根毛来，比喻极其微小，不值得一提。

老牛破车　形容做事慢吞吞。

老牛舐犊　犊：小牛。比喻很爱儿子。《后汉书·杨彪传》："子修为曹操所杀。操见彪问曰：'公何瘦之甚？'对曰：'愧无日磾先见之明，犹怀老牛舐犊之爱'。"

牛鬼蛇神　牛头的鬼，蛇身的神，泛指妖魔鬼怪。现比喻形形色色的坏人。

牛头不对马嘴　比喻事物两不符合，或答非所问。

如牛负重　比喻负担特别重。

童牛角马　童牛：没有角的牛；角马：长角的马。比喻事物失了真相。扬雄《太玄·更》："童牛角马，不今不古。"

执牛耳　古代诸侯盟会，主盟者

△ 对牛弹琴

亲割牛耳取血，盛盘中让与盟者分尝，表示诚意信守。后比喻在某一方面居领导地位。

◻ 虎

放虎归山　把老虎放回山林，比喻把坏人放回老巢，自留祸根。又称"纵虎归山"。

虎背熊腰　形容身体魁梧健壮。

虎踞龙盘　赞美其地势险要、雄伟的意思。

虎口余生　比喻经历极大的危险，侥幸逃命。

虎视眈眈　眈眈：注视的样子。像老虎那样凶狠地盯着，形容心怀不善，伺机攫取。

虎头蛇尾　头大如虎，尾细如蛇。比喻开始时声势很大，到后来劲头很小，做事有始无终。

虎尾春冰　比喻处境像踩着老虎尾巴、踏在春天的冰上那样危险。《尚书·君牙》："心之忧危，若蹈虎尾，涉于春冰。"

画虎类狗　类，像。画虎反成犬，比喻没有这方面才能，却偏要这样做，好高骛远，终无成就，遭人嘲笑。

两虎相斗　比喻两雄相争。《战国策·楚策三》："天下莫强于秦楚；今闻大王欲伐楚，此犹两虎相斗而驽犬受其敝。"

骑虎难下　比喻干一件事遇到困难，中途放弃会造成重大损失，因而不得不干下去。

如虎添翼　给本就力量强大的老虎添上翅膀，比喻本领很大的人又增加了新的助力，本领更大。也比喻凶恶的人得到援助更加凶恶。

如狼似虎　比喻像狼、虎一样凶暴、残忍。

三人成虎　《战国策·魏策二》："夫市之无虎明矣，然而三人言而成虎。"比喻谣言或讹传一再反复，说的人多了就有成真的可能。

谈虎色变　凶残的老虎是人们害怕的，一提到脸色就变了，比喻一提令人恐惧的事情，精神就紧张起来。

投畀豺虎　《诗经·小雅·卷伯》："取彼谮人，投畀豺虎。"意思是把那些说别人坏话的人拉出来，扔给野兽去吃。表示对坏人的愤恨。

为虎傅翼　给虎安上翅膀。比喻做恶人的帮凶或助长恶人的声势。

为虎作伥　伥：古时传说被老虎吃掉的人，死后变成伥鬼，专门引诱人来给虎吃。比喻给坏人做帮凶。

与虎谋皮　和老虎商量，剥下它皮。多指跟恶人商量，要夺取他的利益，比喻事情决不能成功。

■ 兔

见兔顾犬　看到了兔子，再回头叫狗去追捕。比喻事情虽然紧急，但是如果及时处理还来得及。与"亡羊补牢"意略同。

狡兔三窟　狡猾的兔子有多个用于避祸的藏身之地，原比喻藏身的地方多，便于逃避灾祸。现多用于贬义。《战国策·齐策四》记：冯谖对孟尝君说："狡兔有三窟，仅得免其死耳；今君有一窟，未得高枕而卧也，请为君复凿二窟。"

守株待兔　比喻人愚笨，不知变通，妄想不经过努力就获得成功。《韩非子·五蠹》记：宋国有个农夫看见一只兔子撞死在树桩上死了，就放下锄头在树桩旁等着，希望再得到撞死的兔子。

兔起凫举　凫：野鸭。像兔子奔跑，野鸭起飞。比喻行动迅速。

兔起鹘落　鹘：一种青黑色的短尾鸟。兔子刚起来，鹘就猛扑下去，比喻动作敏捷。又比喻写字、作画、写文章时下笔迅速，中间没有停顿。

兔死狗烹　《史记·越王勾践世家》有"飞鸟尽，良弓藏；狡兔死，走狗烹"。比喻给效忠帝王的人，帮帝王获得成功后会被抛弃甚至杀害。

兔死狐悲　表示对同类的死亡或

△ 守株待兔

不幸感到悲伤，现多用于贬义。

兔走鸟飞　兔、鸟分别指月亮和太阳。形容时光很快就过去了。

玉兔银蟾　古代传说月宫中有玉兔和蟾蜍，故用"玉兔银蟾"，指明净的月亮。

🟧 龙

藏龙卧虎　比喻隐匿未被发现的人才。

活龙活现　比喻说话、写作描绘得十分生动，就像真的看到一样。也作"活灵活现"。

蛟龙得水　传说蛟龙得到水，就能兴云作雨，在天空腾飞。后比喻有才能的人得到了施展才能的机会。

龙肝豹胎　指非常不容易得到的珍贵食品。《晋书·潘尼传》："厥肴伊何？龙肝豹胎"。

龙马精神　龙马：骏马。比喻人精神健壮。

龙蟠凤逸　比喻怀才不遇。李白《与韩荆州书》："所以龙蟠凤逸之士，皆欲收名定价于君侯。"

龙蛇飞动　形容书法笔势劲健生动。

龙蛇混杂　比喻坏人同好人混在一起。

龙潭虎穴　比喻极其危险的地方。

龙腾虎跃　形容威武雄壮，生气勃勃的姿态。

龙骧虎步　形容威风凛凛的气概。

龙骧虎视　比喻雄才壮志，也形容气概威武。

龙行虎步　形容仪态超逸。

龙吟虎啸　形容人歌唱或吟咏声音的嘹亮。

龙争虎斗　形容斗争或竞赛的激烈。

攀龙附凤　比喻巴结有权有势的人。

群龙无首　比喻一群人缺乏具有领导才能的人。《周易·乾》："见群龙无首。"

神龙见首不见尾　比喻人的行为踪迹神秘，不易捉摸，时而露面，时而又不见了。

生龙活虎　比喻活泼矫健，生气勃勃。

🟨 蛇

春蛇秋蚓　比喻写字写不好，歪歪扭扭的，就像蛇和蚯蚓爬过的痕迹一样弯弯曲曲的。

拔草寻蛇　拔掉草，寻找蛇，比喻自找麻烦。

佛口蛇心　比喻说话虽然好听、善良，但是心地歹毒。

杯弓蛇影　《晋书·乐广传》里说：乐广一次请客吃饭，挂在墙上的弓照在酒杯里，有个客人以为是蛇，回去后老是不放心，因而得病。乐广知道后又把那位客人请来，还在原处吃饭喝酒，让他知道杯里有蛇影的真相，这个客人的病就好了。后来就用"杯弓蛇影"比喻疑神疑鬼，自相惊扰。

画蛇添足　比喻多此一举。典出《战国策·齐策二》。

惊蛇入草　形容草书的笔势矫健迅捷。

强龙不压地头蛇　比喻本领很大的人也难以制服盘踞当地的恶势力。

🟨 马

白驹过隙　比喻时间流逝得快，就像疾驰的骏马飞快地越过缝隙一样。《庄子·知北游》："人生天地之间，若白驹之过隙，忽然而已。"

兵荒马乱　形容时局动荡不安。

非驴非马　形容不伦不类，什么也不像的东西。

路遥知马力，事（日）久见人心　指相处久了，才能看清人心的好坏。

驴唇不对马嘴　比喻事物两下不符合，或答非所问。

马到成功　形容迅速取得胜利。

马齿徒增　马齿：表示人的年龄。比喻自己的年龄增加了，而学问却没有长进，或事业没有成就。

盲人瞎马　瞎子骑瞎马。比喻乱闯瞎撞，非常危险。

千军万马　形容兵马很多，也形容气势宏大。

青梅竹马　形容男女儿童从小一起玩耍，一块长大，相知相爱。

▲塞翁失马

人困马乏　形容疲劳不堪的状况。

人仰马翻　形容惨败的狼狈相。也比喻乱得不可收拾。

戎马倥偬　戎马：指军事；倥偬：繁忙。形容军务繁忙。

塞翁失马　又作"塞翁失马，安知非福"。比喻虽然暂时吃亏，却因此得到好处。也指坏事可以变成好事。典出《淮南子·人间训》。

死马当活马医　比喻在看来绝望的情况下尽力挽救。

■ 羊

羝羊触藩　比喻进退两难的境地。

歧路亡羊　比喻事理复杂多变，没有正确方向，因而找不到真理。

如狼牧羊　比喻酷吏欺压人民。《史记·酷吏列传》："宁成为济南都尉，其治如狼牧羊。"

十羊九牧　十头羊倒用九个人放牧。比喻官多民少，赋税剥削严重。比喻使令不一，无所适从。

亡羊得牛　丢了羊却得到了牛。比喻收获比损失大。与"捡了芝麻丢了西瓜"相反。

羊肠鸟道　形容山路狭窄曲折而险峻。

羊狠狼贪　《史记·项羽本纪》："因下令军中曰：'猛如虎，狠如羊，贪如狼，强不可使者，皆斩之。'"原指为人凶狠，争夺权势。后转喻贪官污吏剥削、压迫人民。

羊质虎皮　本来是羊，只是披上老虎的皮。扬雄《法言·吾子》："羊质而虎皮，见草而悦，见豺而战，忘其皮之虎矣。"后比喻外表吓人而实际无用。

羊入虎口　比喻已陷死地，很难幸免。

亡羊补牢　羊丢失了，才修理羊圈。语本《战国策·楚策四》："亡羊而补牢，未为迟也。"比喻在受到损失之后想办法补救，免得以后再受损失。

▢ 猴

教猱升天　猱：猴子的一种。教猴子爬树。比喻教唆坏人做坏事。《诗经·小雅·角弓》："毋教猱升木。"

树倒猢狲散　比喻为首的人一倒台，那些依附他的人也就立即溃散。

心猿意马　形容心思不定，就如猿猴跳跃、快马奔驰一样。

朝三暮四　《庄子·齐物论》里说，有个养猴子的人拿橡子喂猴子，他对猴子说，早上给每个猴子三个橡子，晚上四个，猴子听了都生气。他又说，早上给四个，晚上三个，猴子听了就高兴了。原比喻用诈术骗人，后比喻反复无常。

猿鹤虫沙　《太平御览》卷九一六引《抱朴子》："周穆王南征，一军尽化，君子为猿鹤，小人为虫沙。"旧时比喻死于战场的将士。

猿猴取月　猿猴到井中捞月亮。比喻极为愚笨或徒劳无功。

▢ 鸡

鹤立鸡群　鹤立于鸡群之中，显而易见。比喻才华出众。

鸡飞蛋打　竹篮打水一场空，比喻全部落空，一无所获。

鸡零狗碎　泛指零碎或琐碎的事情。

鸡毛蒜皮　比喻无关紧要的小事或毫无价值的东西。

鸡鸣狗盗　比喻不足称道的卑下技能。典出《史记·孟尝君列传》。

鸡犬不惊　连鸡狗也没惊动。形容行军纪律严明；也指平安无事。

鸡犬不留　形容残酷杀戮，连鸡和狗都没有留下。

鸡犬不宁　形容骚扰十分厉害，连鸡和狗都不得安宁。

鸡犬升天　比喻一个人升官发财了，身边的人也跟着得势。

杀鸡取卵　为了得到鸡蛋，把整只鸡杀了，比喻贪图眼前微小利益而损害长久的利益。

杀鸡吓猴　比喻惩罚一个人来吓唬另外的人。

杀鸡焉用牛刀　比喻小题不用大做。

手无缚鸡之力　形容文弱书生没有力气，连一只鸡都无法驾驭。

嫁鸡随鸡　旧时比喻女子出嫁后，无论丈夫好坏，都要永远跟从。后多与"嫁狗随狗"连用。

偷鸡摸狗　指小偷小摸，也比喻男女之间有不正当的往来。

🟨 狗

白云苍狗　比喻世事难料，变幻无常。

吠形（影）吠声　一只狗看见人就叫，其他狗听见了也跟着叫，比喻盲目跟从别人，没有主见。

狗急跳墙　比喻人在走投无路时，不择手段地蛮干。

狗仗人势　比喻走狗、奴才倚仗主人的恶势力欺压他人。

狗彘不如（若）　形容人品差，连猪狗都不如。《荀子·荣辱》："则是人也，而曾狗彘之不若也。"

狗嘴里吐不出象牙　比喻坏人嘴里说不出好话。

蝇营狗苟　比喻为了追名逐利，不顾礼义廉耻，无所不为。

狼心狗肺　比喻心肠恶毒。

行同狗彘　比喻无耻的人行为同猪狗一样。

韩卢逐块　韩卢：战国时有名的善跑的黑狗；块：土块。韩卢去追逐土块。比喻白白地耗费精力。

狐朋狗友　泛指一些吃喝玩乐、不务正业的朋友。

🟧 猪

封豕长蛇　封：大；豕：猪。大猪长蛇。比喻贪婪如大猪，残暴如大蛇一样的人。亦作"封豨修蛇"。

杀猪教子　比喻做父母教育孩子要以身作则，培养孩子诚实的好品德。

猪羊变色　比喻扭转并彻底改变局面。

△ 曾子杀猪教子

猪狗不如　骂人连牲畜都不如的话。

辽东之猪　表示少见多怪，或因见识浅薄而羞惭。

三豕渡河　比喻文字讹误或传闻失实。亦作三豕涉河。

牧豕听经　放猪的同时不忘听讲，比喻勤学。

豕交兽畜　比喻待人没有礼貌。

鲁鱼亥豕　因文字形似而致传写或刊刻错误。亦作"亥豕鲁鱼"。

信及豚鱼　比喻极有信用。

第二节　生肖的歇后语

歇后语又叫方语、市语、隐语、藏语、谜语、俏皮语、缩脚语等，它与成语、谚语等被称为是一种熟语，即一种定型的语组。

▢ 鼠

鼠肚鸡肠——心胸狭窄

老鼠上天——做梦也别想

老鼠上灶王爷的板——假充神仙

老鼠上供桌——不成佛

老鼠上房——不是发大水，就是下大雨

老鼠上秤钩——自掂斤两

老鼠上锅台——熟门熟路

老鼠见了猫——不声不响；不敢动；不敢想（响）；怕得要命；骨头都软了；没处躲藏

老鼠斗狮子——自不量力

老鼠打洞——自找门路

老鼠扒屎盆——替狗忙

老鼠出油缸——吃里扒外

老鼠出洞门——东张西望；鬼鬼祟祟

老鼠过街——人人喊打

老鼠扛枪——窝里逞能；窝里横

老鼠吃鸡蛋——无法下口

老鼠吃猫——奇事一桩；反了天了；自不量力

老鼠吃猫食——偷偷干

老鼠吃茶壶——口口是词（瓷）

老鼠吃高粱——顺杆向上爬

老鼠进了洞——转弯抹角

老鼠进了笼——没出路

老鼠进口袋——自己找死

老鼠进书房——吃老本；咬文嚼字

老鼠进风箱——两头受气

老鼠进米缸——因祸得福；乐不可支；求之不得；吃住都不愁

老鼠进坛子——有进没出

老鼠作道场——哪有正经

老鼠抬轿子——担当不起

老鼠拉秤砣——倒贴（盗铁）；盗窃（铁）

老鼠放屁——刺毛（猫）

老鼠闹新房——叽哩喳啦

老鼠和猫交朋友——亲死了

老鼠和猫亲嘴——爱到死去；送死

老鼠尿在书本上——识（湿）几个字

老鼠爬竹竿——爱走极端

老鼠爬香炉——碰了一鼻灰

老鼠的脑壳——灰头土脸

老鼠的眼睛——鼠目寸光；光看目前；怕见光明

老鼠给猫刮胡子——拼命地巴结

老鼠给猫送礼——自投罗网

老鼠给猫祝寿——送货上门；献媚不看对象

老鼠给猫捋胡子——拼了命巴结；不顾命地溜须拍马；找死

老鼠钻到古书堆里——吃老本

老鼠钻到油桶里——有进无出

老鼠钻到烟囱里——两眼抹黑

老鼠舔猫鼻——胆子不小；自己送死

老鼠算卦——做贼心虚

老鼠蹲粮仓——吃住不愁

耗子下崽——没一个好东西

耗子照相——贼头贼脑

耗子嫁猫——送死去了

耗子滑冰——溜之大吉

耗子搬家——穷捣腾

打鼠不着反摔坛——因小失大

娄阿鼠测字——做贼心虚

猫守鼠洞——不动声色

猫钻鼠洞——行不通

猫逮耗子狗守夜——内行；本行

脚踩耗子——积极（唧唧）；假积极（唧唧）

一只老鼠掉进锅——坏了一锅汤

一颗老鼠屎掉进锅——坏了一锅粥

刀把老鼠——最刁

马捉老鼠——不务正业；不干正经事

狗捉老鼠——多管闲事

狗逮耗子猫看家——反常

张飞拿耗子——大眼瞪小眼

拆房拿耗子——大折腾；大干一场

铁笼捕鼠——捉活的

蛇吞老鼠鹰叼蛇——一物降一物

■ 牛

牛口里的草——扯不出来

牛王爷不管驴的事——各管各的

牛车拉大粪——送死（屎）

牛毛——数不清

牛头马面——不是人

牛头不对马嘴——不接榫；胡扯；答非所问

牛头刨开车——直来直去

牛头煮不烂——多费些柴炭

牛长鳞，马长角——不可能的事；没见过

牛皮灯笼——肚里亮；肚里明；点不亮

牛皮绷鼓——挨打的货

牛皮纸上雕花——刻薄

牛奶拌墨水——混淆黑白；黑白混淆；黑白不分

牛死日落——祸不单行（藏族）

牛吃草来狗吃屎——各有各味

牛吃草料鸭吃谷——各有各的福

牛吃卷心菜——各人心中爱

牛吃笋子——胸有成竹（彝族）

牛驮子搁在羊背上——担当不起

牛屁股后的苍蝇——一哄而散；叮上不放

牛屁股缝里的虻虫——钻了空子又吸血

牛拉犁头——上了圈套

牛拉碾子——走不出圈套

牛郎约织女——后会有期

牛郎织女相会——一年一次；喜相逢

牛郎配织女——天生的一对；天作之合

牛郎织女哭梁祝——同病相怜

牛郎碰织女——天降良缘

牛牵鼻子马抓鬃——抓到了关键

▲ 牛郎织女鹊桥相会

牛追兔子——有力使不上

牛屎堆宝塔——一触就垮

牛耕田马吃谷——一个受累，一个享福

牛耕田狗看门——各守本分

牛骨头煮胶——难熬

牛钻鸡窝——门路太小

牛鼻子上的苍蝇——上了脸（蒙古族）

牛鼻子落人手——身不由己；不由自主（藏族）

牛鼻子上有缰绳——好牵

老牛套破车——两凑合；松松垮垮；慢慢腾腾；担不了大载

老牛钻鸡窝——没门

老牛钻耗子洞——行不通

老牛屙屎——尾巴翘起来了

老牛拿耗子——不关你的事

老牛掉眼泪——有口难言

卖牛卖田娶个哑巴——无话可说

拉牛上树——难为人（教牛上树——做不到；难为人）

拉牛尾巴的人——倒退

泥牛入海——永无消息；一去不返；杳无音信；有去无回

牵牛上独木桥——难过

牵牛花上树——顺杆爬

牵牛花当喇叭——不能吹

牯牛身浪拔根毛——勿觉着（浪：上海、苏州方言）

俩牛相斗——顶顶撞撞

耕牛吃羊草——怎能吃得饱

赶牛进鸡舍——不对路（壮族）

黄牛反刍——肚里有啥货自己知

黄牛的尾巴——两边摆

中国古代生肖文化

黄牛的脚印水牛踩——一个更比一个歪

黄牛学马叫——改不了调

黄牛落泥塘——越陷越深

黄牛鼻子上的跳蚤——自高自大（佤族）

对牛弹琴——瞎耽误功夫；白费功夫

教牛坐板凳——办不到（壮族）

属牛的——好斗

属牛屎的——捧不起来

蜗牛壳里睡觉——难翻身

蜗牛赛跑——慢慢爬

懒牛拉磨——不打不走

懒牛耕田——不打不走

人造牛黄——冒牌货

天然牛黄——宝贝疙瘩

大牤牛的口水——拖得老长

马嚼子栓到牛嘴上——胡闹（勒）

老牦牛追兔子——白费劲（藏族）

初生牛犊——不怕虎

属水牛儿的——离不开家（水牛儿：蜗牛的俗名）

手帕包牛角——露头角

水浸老牛皮——泡不开（比喻思想顽固，不开通）

丢了黄牛撵兔子——不知哪大哪小

杀鸡用牛刀——小题大做

床单盖牛背——大露头角

苍蝇给牛牯抓痒——无济于事（牛牯：即牯牛，公牛）

抹布盖牛背——露头角

茶罐煮牛头——放它不下

指着黄牛说是马——信口雌黄；自欺欺人

耗子钻牛角——没有出路；死路一条

麻袋盛牛角——个个想出头

兽医阉牛——一刀两断（蛋）

逼着牯牛生子——强人所难

腿上的牛皮癣——顽固不化

端公（巫师）吹牛角，道士吹海螺——各师各教

耕田的老牛——被人牵着鼻子走

蚊子叮铁牛——无处下口；毫不在乎

黄鼠狼拖牛——自不量力

猪八戒吹牛——大嘴说大话

落雨天寻牛——看脚印

蛤蟆跳到牛背山——自以为大

隔山买老牛——全凭信用

睡着的懒牛——没料吃（维吾尔族）

壁上的春牛——离（犁）不得

三十三头牦牛拉不回——倔强脾气（藏族）

下了河的老牛——不过也得过

上了套的野牛——由不得己（藏族）

皮货店老板——牛皮大王

吃了鱼钩的牛打架——勾心斗角

猪圈里的黄牛——高人一头

躲过老虎，碰上野牛——一个比一个凶（躲过野牛碰上老虎——一个比一个凶）

绣娘爱针线，牧人爱牛羊——干一行爱一行

打猎的不说渔网，卖驴的不说牛羊——三句不离本行

🟧 虎

虎头蛇尾——有始无终

虎头铡下受刑——一刀两段

虎落平阳——被犬欺；不如鸡

虎落平原——插翅难逃

虎窝里跑出只羊——虎口余生

虎嘴拔毛——好大的胆子

虎踞高山，龙踞大海——各有用武之地

二虎相争——必有一伤；自相残杀

八虎闯幽州——死的死，丢的丢

与虎谋皮——想得美；办不到；异想天开；休想

大虫口里夺脆骨，骊龙颔下取明珠——好大胆；送死；寻死；找死

大虫打架——苦（虎）斗；劝不得

大虫打哈哈——笑面虎

大虫头，长虫尾——虎头蛇尾

大虫头，老鼠尾——有始无终

大虫作揖——腐败（虎拜）

大虫窝里的蒿草——无仁义（无人刈）

白虎进门——大祸临头

老虎下山——来势凶猛；横冲直撞；赶快跑

老虎下崽——一个；独生子女

老虎下棋——没人敢瞧

老虎上街——人人害怕

老虎上山——谁敢阻拦

老虎上吊——诓人；玄乎（悬虎）

老虎头上拍苍蝇——惹来大麻烦；自讨苦吃；不想活啦

老虎头上拴缰绳——要钱（牵）不要命

老虎头上捉蚤子——好心得不到好报；招灾惹祸

老虎头上撒胡椒——大胆泼辣

老虎吃蚂蚱——细拾掇（拾掇：整理收拾之意）

老虎当和尚——人面兽心

老虎当马骑——豁上啦；有气魄（彝族）

老虎安翅膀——如虎添翼

老虎戴孝——装善人

老虎戴念珠——假充善人

老虎戴玛尼珠（佛珠）——充当活佛（藏族）

老虎身上打一拳——好大胆

老虎做梦——想人

老虎坐板凳——等人

老虎伸爪子——抓人

老虎走路——独来独往

老虎追猫上树——多亏留一手

老虎洞里的神像——没人敢敬（进）

老虎戴礼帽——假装圣人

母老虎地头蛇——惹不起

纸老虎——外强中干；不堪一击；假威风

披着虎皮进村寨——吓唬老百姓

属老虎的——心毒；凶暴

山上猛虎不吃人——骗人的鬼话（侗族）

为猫画虎——不像也有七八分

栽林养虎——虎大伤人

山中无老虎——猴子成霸王

出山的猛虎——凶相毕露；势不可挡

光屁股打虎——又不要脸，又不要命

光屁股骑虎——胆大不顾羞

纸上的老虎——不吃人

张三和大虫抢食——狼吞虎咽（张三：狼的俗称。大虫：老虎）

抽了筋的老虎——塌了架

前怕狼后怕虎——进退两难

千年的野猪——老虎的食

老掉牙的王斑虎——雄心在

吞下砒霜药老虎——豁出命了

脱掉裤子打老虎——既不要脸，又不要命

■ 兔

兔子上树——赶急了

兔子不吃窝边草——给自己遮藏洞；偷外不偷里；留情（青）

兔子不合群——跑单帮

兔子见了鹰——撅着尾巴逃；毛了；慌了；紧跑

兔子的耳朵——听得远

兔子的腿——跑得快

兔子打架——上蹿下跳

兔儿爷打架——散摊子；抓泥（兔儿爷：泥制动物）

兔儿爷的眼睛——红人（仁）

兔儿爷洗澡——一摊泥

兔儿爷掏耳朵——崴泥（崴泥：方言，指把事情办坏）

兔子叫门——送肉来了

兔子吃草——瞻前顾后（藏族）

兔子吃菜——光哆嗦

兔子有三窟——有两下子

兔子坐上虎皮椅——六神无主（佤族）

兔子尾巴——长不了

兔子拉车——连蹦带跳；说翻就翻；乱了套

兔子拉犁——心有余力不足

兔子跟着汽车跑——望尘莫及

△ 兔儿爷

兔子群里一只象——庞然大物

兔子靠腿狼靠牙——各有各的谋生法

兔子蹬鹰——以攻为守

兔死还要跳三跳——垂死挣扎

兔死狐悲——物伤其类

山兔子斗猎狗——送死（藏族）

小兔蹦到车辕上——充什么大把式

见兔撒鹰——稳拿

打兔子喂鹰——让恶人得益

打兔子碰上黄羊——捞了个大外快

拿兔子当牦牛使——乱套（藏族）

逮兔子打狐狸——一举两得

属兔子的——胆小怕事；钻前钻后；溜得快

喂兔养羊——小本利长

袋里抓兔——稳拿

跛子撵兔子——力不能及；力不从心；心有余力不足

漏网的兔子——跑了

瘸驴追兔子——赶不上

八五炮打兔子——得不偿失

雪地里撵兔子——跟踪追击（瑶族）

鹰饱不拿兔，兔饱不出窝——无大志

鹰嘴里夺兔，猫嘴里夺鱼——不好下手

大年初一逮兔子——有它过年，没它也过年

小脚婆娘追兔子——撵不上

惊枪的山蹦子（兔）——狂颠猛跑（鄂伦春族）

一根绳子拴俩兔子——谁也跑不了

怀里揣着十五只兔子——七上八下

龙

龙下蛋——稀罕

龙上沙滩——有力无处使

龙门石窟里的佛像——老实（石）人；靠山硬

龙门阵缺人——摆不起来

龙王爷上岸——浑身是水

龙王爷打呵欠——神气

龙王爷过江——风大雨大

龙王爷过河——别（鳖）操心

龙王爷出阵——翻江倒海

龙王爷出海——兴风作浪

龙王爷作法——呼风唤雨

龙王爷身边的虾子——见过大阵势

龙王爷偏心眼——旱涝不均

龙王爷搬家——厉害（离海）

龙王爷管土地——手伸得太长

龙王爷翻脸——要变天

龙王发脾气——兴风作浪；翻江倒海

龙王庙里失火——慌神

龙王庙前卖水——跑错了门

龙头起，蛇收尾——不了了之

画龙点睛——功夫到了家

神龙见首不见尾——藏而不露

海龙王打哈欠——好大的口气

海龙王张嘴——发水

海龙王搬到陆上住——厉害（离海）

海龙王翻身——兴风作浪

蛟龙下水——兴风作浪

蛟龙头上搔痒——溜须不要命

蛟龙得云雨——终非池中物

蛟龙翻大海——四方要成灾

扯了龙袍打太子——豁出去了

狮子龙灯一起舞——热闹非凡

叶公好龙——口是心非；假爱

叶公画龙——不认真

驴头插龙角——四不像

逆水赛龙舟——力争上游

唐僧的龙马——腾云驾雾

麻袋做龙袍——不是这种料

裁缝做龙袍——格外小心

落水进龙宫——得意忘形（讥讽因祸得福而忘乎所以者）

鲤鱼跑龙门——大翻身；高升；身份百倍

大水推倒龙王庙——自家人不认识自家人

大水淹了龙王庙——自家人不认识自家人

过端午的龙头——只要那张嘴

戏台上的龙套——走过场；摇旗呐喊

□ 蛇

蛇入竹筒——有进无出；转不得身；回头难；只好走这条道；自寻死路

蛇上大道——曲曲弯弯

蛇头上的苍蝇——送来的食物

蛇死蚂拐烂——同归于尽（蚂拐：青蛙）

蛇吃老鼠——囫囵吞

蛇和蝎子交朋友——毒上加毒

蛇钻腚眼里——没治

蛇钻窟窿——顾前不顾后

蛇逮老鼠——要独吞

蛇遭蝎子蛰——一个比一个毒

笼里逮蚂蚱——没法下手

大蛇顶门——莽（蟒）撞

长虫见硫黄——骨头都酥了

长虫斗仙鹤——绕脖子（长虫：即蛇。绕脖子：形容说话办事兜圈子，不直截了当）

长虫打架——绕脖子

长虫过门槛——不怕折腰；点头哈腰

长虫过道——快行

长虫过篱笆——有空子就钻；钻空子；无孔不入

长虫当拐杖——靠不住；不可靠

长虫碰壁——莽（蟒）撞

长虫钻进细竹竿——还有退路吗？

长虫钻竹竿——逼着走这条路

长虫戴草帽——细高挑（条）儿

大蟒吃小猪——生吞活剥（佤族）

打蛇不死——后患无穷；留下祸根；留下后患

打蛇不敢打蚯蚓——怯大欺小

打蛇打到七寸上——击中要害；抓住关键；恰到好处

画蛇添足——多此一举；多此一笔；弄巧成拙；自作聪明

毒蛇脱皮——恶性不改

毒蛇嘴里淌出来的口水——不是奶

蟒蛇进鸡窝——完蛋

蟒蛇缠身——挣不脱（哈尼族）

小水蛇想夺龙珠——异想天开（白族）

乌梢蛇出洞——不咬人也吓人

乌梢蛇的肚子——黑心黑胆

地头蛇——难惹；毒不过

地头蛇，母老虎——不是好惹的

白素贞哭断桥——想起旧情

白娘娘斗法海——精打光

白娘娘喝雄黄酒——现了原形；头昏脑胀（畲族）；得意忘形

一朝被蛇咬，十年怕井绳——心有余悸

冬天的蟒蛇——有气无力

农夫救蛇——好心不得好报

大虎头，长虫尾——虎头蛇尾

冻僵的蟒蛇——动弹不得；可怜不得

弯扁担打蛇——两头不着实

大粪坑里的蛇——又毒又臭

田坎上的长虫——地头蛇

棺材里的长虫——吃人心肝

惊蛰后的青竹蛇——越来越凶

踩草绳子也喊蛇——大惊小怪

揪着草绳当蛇打——上当

草丛里的眼镜蛇——歹毒

踩着井绳当是蛇——胆小鬼

踩着麻绳当毒蛇——大惊小怪

藏在旮旯里的毒蛇——不露头

■ 马

马上打瞌睡——眼开眼闭

马上耍杂技——艺高胆大

马勺当锣敲——穷得叮当响

马车陷进泥坑里——进退两难

马无笼头——乱跑（彝族）

马长犄角骡下驹——怪事一桩

马长鹿角——四不像（赫哲族）

马头长牛角——不伦不类（藏族）

马头长角，扁担结籽，石头开花——没有的事（苗族）

马奶奶遇上冯奶奶——差两点

马过独木桥——难拐弯

马戏团的猴子——随人耍

马抓痒——全凭一张嘴

马尾巴上拴爆竹——马后炮

马尾作琴弦——不值一谈（弹）；谈（弹）不上

马尾串豆腐——提不起来（提不起：双关语。本指提不起豆腐，转指扶不起。也用于奚落、抱怨、嘲讽别人素质太差）

马前诸葛亮——啥也少不了你

马高镫短——上下为难

马背上打电话——奇（骑）闻

马背上挂掌——离题（蹄）太远

马看牙板——人看言行

马桶上插花——图外面好看

马桶改水桶——臭味还在

马桶倒进臭水沟——同流合污

马桶盖锥眼——出臭气

马脖子上挂铜铃——走到哪，响到哪

马脱缰绳鸟出笼——不回头（羌族）

马群里驴叫——数他（它）声高

马群里的骆驼——突出

马棚伸腿——出题（蹄）儿

马谡用兵——言过其实

马路上的电线杆——靠边站

马路上的挂钟——群众观点

马路上说马路——公道

马路上跑汽车——没辙

马路消息——道听途说；不可靠

马蜂的屁股——蜇人

马蜂窝——捅不得；惹不得；戳不得

马蜂蜇秃子——没遮没盖

马蜂蜇蝎子——以毒攻毒

马褂上穿背心——格（隔）外一套

马褂做裤衩——大材小用

马散笼头——自由自在

纸马纸人——哄鬼

纸马店的货——等着烧

纸马铺做生意——靠死人发财

劲马掉进泥坑里——动弹不得

拍马屁拍到马蹄子上——倒挨一脚

拍马屁拍到马嘴上——倒咬一口

拍马屁的见马群——喜出望外

拍马屁的嘴——拣好听的说

泥马过河——自身难保

赛马场的消息——奇（骑）闻

赶马人的料袋——草包

骏马驮银鞍——两相配

骏驹上路——日行千里

野马脱缰——横冲直撞；无法收回头

辕马拉套——不受重用

瘦马挂铃铛——声音大，不顶事（景颇族）

瞎马——不知道坎儿

瞎马踩死老鼠——碰巧

又要马儿跑，又要马儿不吃草——想得美

大洋马生骡子——杂种

千里马长翅膀——突飞猛进

千里马拉犁——大材小用；用非所长

风吹马尾——千丝万缕

扒着马腚亲嘴——不知道香臭

没买马先置鞍子——不知轻重缓急

云里驾马车——天灾（载）人祸（货）

云里跑马——露马脚；脚底空

众人的马，公家的车——谁爱骑谁骑

园里跑马——没有大发展

伯乐识马——内行

单枪匹马上阵——孤胆英雄

画上的马——不能骑；不顶用；不奇（骑）

纸人纸马对天烧——哄鬼；骗鬼；哄死人

两匹马拉车——齐头并进；并驾齐驱

指鹿为马——不看事实

豹子吃马——胃口大

没笼头的马——野惯了

杨六郎的马——见过大阵势

张飞骑白马——黑白分明

纸人骑木马——轻不压重

悬崖上勒马——化险为夷；回头是岸

船头上跑马——走投无路；转不过弯来

脱缰的烈马——收不住

脱缰的野马——横冲直撞；无拘无束；拉不回头

森林里跑马——施展不开（鄂温克族）

跛脚驴跟马跑——一辈子赶不上

矮子骑大马——上下为难

墙头上跑马——寸步难行；路子窄；冒险；没有奔头；难转弯；有去路，无回路

槽头上没马拿驴顶——没法子的事

瘸子骑瞎马——取长补短

鞭打千里驹——快马加鞭

一只脚跨在马背上——不上不下

八卦阵里骑马——出路难找

看棋只看车马炮——不识相

樊梨花下西凉——马到成功

🟨 羊

羊入虎群——自寻死路

羊儿伴老虎——没得好下场

羊儿子吃奶——跪倒来

羊儿叫娘——慢慢慢（咩咩咩）

羊子不长角——狗头狗脸；狗相

羊子打架——对头

羊毛出在羊身上——都是你的；勿吃亏

羊头上的毛——长不长

羊头上放鞭炮——泾阳（惊羊）（泾阳：古邑名。今陕西泾阳县）

羊头安在马身上——割头换颈（关系十分密切）；张冠李戴

羊头狗颈——尽讲脏话

羊头安在猪身上——颠倒黑白

羊头钻在篱笆里——伸手（首）容易，缩手（首）难

羊吃莲子——不分个（转指说话不分主次、轻重、顺序）

羊吃草猫吃鼠——各有各福

羊肉不曾吃——空惹一身膻

羊肉包子打狗——有去无来

羊肉当狗肉卖——不惜血本

羊闯狼窝——送上门的肉；白牺牲

羊肠小道——曲曲弯弯；绕来绕去

羊身上取驼绒——没有希望

羊肥了要挨刀——注定的事（蒙古族）

羊羔吃奶——跪下了

羊羔跪乳——懂人性

羊圈里的驴粪蛋——数你大

羊群里进只狼——祸患无穷

羊嘴里没草——空嚼舌；白嚼

山羊与野马在一起——不合群

山羊拉屎——稀稀拉拉（瑶族）

山羊钻篱笆——进退两难

山羊爱石山，绵羊爱草山——各有所好（藏族）

山羊掉了角——比狗还丑

山羊额头上的肉——没多少油水；油水不大

亡羊补牢——为时未晚；防备后来

老羊的肉——有嚼头

死羊的眼睛——定了

放羊上山——步步高

羊的喊叫——狼来了

放羊的捡牛粪——捎带的事（蒙古族）

放羊拾柴禾——捎带；一举二得

放羊圈马——乱套了（蒙古族）

放羊瞎喊狼来了——骗人失信

挂羊头卖狗肉——假招牌；有名无实；表里不一；弄虚作假

羝羊触藩——进退两难

又放羊，又拾草——双丰收

顺手牵羊——趁机而行

种麦养羊——本小利长

骆驼和羊——各有所长

恶狼装羊——居心不良

豺狼披羊皮——蒙骗猎人（藏族）；冒充好人

豺狼给羊堆笑脸——阴险歹毒

隔山买羊——不知黑白

刀下的绵羊——任人宰割

反穿皮袄——洋（羊）相

打湿了的羊皮帽子——先松先紧

好斗的山羊——又顶又撞

两分钱的羊肉——不大点

卖肉的杀羊——内行

吃饱了的绵羊羔——要多安静有多安静（哈萨克族）

金鹿遇着岩羊——望尘莫及（傣族）

剪了毛的绵羊遭雨淋——浑身哆嗦

翻穿皮袄——出洋（羊）相；装佯（羊）

一枪打二只黄羊——一举两得（塔吉克族）

四个兽医抬只羊——没治

无角的山羊——自惭形秽（哈萨克族）

吃进狼嘴里的羊肉——吐不出来（哈萨克族）；岂肯松口

全家动手牵只羊——人浮于事（蒙古族）

淋了雨的老绵羊——无精打采

三个驯马手牵只羊——浪费人才（蒙古族）

一根绳上拴二只绵羊——谁也别想跑

▢ 猴

猴儿上树——爬得快；拿手戏；内行

猴儿捉虱子——抓耳挠腮；光知道往自己嘴里填

猴子下井捞月亮——想得美；白忙；一场空

猴子上秤盘——自称为王

猴子下竹竿——一溜到底

猴子不上竿——多敲几遍锣

猴子吃八角（茴香）——不是滋味（瑶族）

猴子吃仙桃——眉飞色舞；不知好歹

猴子吃生姜——瞪了眼

猴子吃芥末——瞪了眼；翻白眼

猴子吃苞米——净瞎掰

猴子吃辣椒——抓耳挠腮

猴子吃核桃——乱砸

猴子进公园——供人欣赏

猴子走钢丝——善搞平衡

猴子抱西瓜——顾此失彼

猴子玩把戏——老一套

猴子爬竹竿——上窜下跳；往下溜

猴子爬树——乱窜；不用教；家常便饭

猴子爬石崖——显能耐

猴子爬旗杆——到了顶

猴子爬梯子——一跃而上

猴子学走路——假惺惺

猴子的屁股——自来红；坐不住；穷光蛋（壮族）

▲ 猴子捞月图

猴子穿西装；猴子偷桃子；猴子戴手套——毛手毛脚

猴子捞月亮——一场空

猴子拿帽子——等着要钱

猴子钻炉膛——灰孙子

猴子推磨——玩不转

猴子脸——说变就变

猴子偷苞米——掰一个丢一个；贪多

猴子偷南瓜——滚的滚，爬的爬；连滚带爬

猴子骑骆驼——往上窜

猴子骑绵羊——神气十足；抖威风

猴子跳圈——窜来窜去

猴子摘帽——等着给钱

猴子跳加官——人面兽心

猴子戴花帽——贪官（冠）

猴子戴纱帽——瘟官一个；衣冠禽兽

猴子戴面具——人面兽心

猴子戴帽子——装人；不像人样；煞有介事

猴子戴眼镜——假斯文

猢狲包头巾——不像人样

猢狲扫地——只顾眼前

猢狲爬树——高攀

孙悟空七十二变——神通广大

孙悟空大闹天宫——无所畏惧；造反精神；犯上作乱；慌神了

孙悟空打猪八戒——稳赢

孙悟空当齐天大圣——自封为王；自尊自大；自高自大

孙悟空头上的金箍——戴上去容易，取下来难

孙悟空压在五行山下——背上越来越重；不得翻身

孙猴子的屁股——坐不住

孙猴子的尾巴——变不了

孙猴子的脸——变化无常；说变就变

孙猴子穿汗衫——半截不是人

孙猴子封了弼马温——自个儿不知道是多大的官儿

孙猴子做官——毛遂自荐

山猴子爬树——拿手好戏（景颇族）

木猴地上转——全靠鞭子打

毛猴子脾气——闲不得

老猴偷苞米——专找嫩的捏

玩猴的丢了锣——耍不起来了

和孙猴子翻跟斗——相差十万八千里

教猴子爬树——多此一举

马戏团里的猴子——由人耍

桅杆尖上的猴子——到顶了

丢了金箍棒的孙悟空——没得变了

玩戏法的丢了猴——没戏了

🟨 鸡

鸡飞蛋打——双重损失；一场空；两落空

鸡子儿下坡——滚蛋

鸡子儿拴绳子——扯淡（蛋）

鸡不撒尿——另有门道；自有方便

鸡鸭共笼——语言不通

鸡啄米——乱点头

鸡冠花——老来红

鸡骨头熬汤——油水不多

鸡骨头卡在喉咙里——张口结舌

鸡脚爪子——往外扒（土族）

鸡笼里睡觉——睁眼尽是窟窿

鸡蛋下山——滚蛋

鸡蛋壳上找缝——白费心

鸡蛋壳里睡觉——摸不清东南西北

鸡蛋里挑骨头——无中生有；专找岔子；吹毛求疵；没事找事；硬找麻烦；嘻咋呼

鸡蛋里淌水——坏蛋

鸡窝里扔石头——捣蛋

公鸡和蜈蚣——死对头

公鸡咯咯叫——不简单（见蛋）

石鸡下蛋——各顾各（咯咕咯）（石鸡：一种鸟，与石头颜色相仿。

咯咕咯：象声词，谐各顾各）

田鸡唱歌——呱呱叫

母鸡下蛋——脸红；叫个没完

母鸡下蛋咯咯叫——生怕人家不知道

母鸡生疮——毛病

母鸡拉屎——头截硬，后截软

牝鸡报晓——不祥之兆

杀鸡给猴看——惩一儆百

杀鸡取蛋——只得一回；不顾老本

给鸡喂大豆——吃不了（藏族）

卖鸡子的不带秤——论个儿

卖鸡子的回家——完蛋了

卖鸡子的换筐——捣（倒）蛋

卖鸡子的跌跤——没一个好的；完蛋

赶鸡下河——往死里逼（壮族）

铁公鸡身上拔毛——休想

偷鸡不成蚀把米——划不来

阉鸡——不提（啼）

雄鸡下蛋——公子

一根鸡毛——掂不出斤两

一篮鸡蛋滚下坡——没一个好的

九个鸡蛋掉地上——四分五裂

三个鸡蛋出俩鸡——有个坏蛋

大公鸡坐飞机——尾巴翘到天上去了

手拿鸡蛋走滑路——格外小心

风吹鸡毛——忽上忽下

双黄鸡蛋——二个心

半夜鸡叫——不晓；不知分晓；乱了时辰

老公鸡头上着火——官僚（冠燎）

老母鸡——无名（鸣）

老母鸡下蛋——呱呱叫；脸红脖子粗；个个（咯咯）大；歌多（布依族）

老母鸡生疮——哪晓得毛里有病

老母鸡抱空窝——不简单（见蛋）

老母鸡啄瘪谷——上当

老母鸡晨啼——教（叫）不会

两公鸡打架——斗嘴；难解难分；互不相让

找了鸡再找蛋——追根求源

床头鸡叫——提（啼）醒人

花公鸡的能耐——就会叫那么几声

担着鸡蛋上街——别人敢碰你，你不敢碰人

等公鸡下蛋——没指望

拿了鸡毛当令箭——小题大做；骨头轻

属母鸡的——无名（鸣）之辈

属野鸡的——顾头不顾腚

逼公鸡下蛋——办不到；故意刁难

落水鸡毛——飞不起来

大油炒鸡子——混（荤）蛋

开水煮鸡蛋——越煮越硬

凤凰下鸡——一辈不如一辈

双手捧鸡蛋——十拿九稳

白天公鸡叫——白提（啼）

有缝的鸡蛋——招惹苍蝇

过年的鸡——等着宰

老子偷鸡儿摸狗——一辈更比一辈坏

老鹰叼鸡——十拿九稳

问客杀鸡——虚情假意

守着公鸡下蛋——瞎费心

关门抓鸡——十拿九稳

两只公鸡打架——谁也不让谁

低头见鸡，抬头见雁——顺眼（佤族）

冷水煺鸡；凉水烫鸡——一毛不拔

拆房搭鸡棚——不值得这样干

狐狸看鸡——越看越稀

河南烧鸡——窝脖儿（窝脖儿：方言，喻抬不起头来）

变质的鸡子——臭在里面

扁担进鸡窝——捣蛋

背手看鸡窝——不简单（拣蛋）

蚊子叮鸡蛋——无孔不入（苍蝇叮鸡蛋——无孔不入）

骆驼进鸡窝——没门

铁锤砸鸡蛋——稀巴烂

刚出壳的鸡崽——羽毛不全

麻雀斗公鸡——自不量力

棒子面煮鸡蛋——糊涂蛋

锅里煮的鸡——飞不掉

键子上的鸡毛——老在钱上站着

八月十五送鸡子——没这一理（礼）

飞机上吃烧鸡——这把骨头还不知扔在哪里

乌鸦头上插鸡毛——想装凤凰

电线杆上插鸡毛——好大的胆（掸）子

老鹰捕食——见机（鸡）行事

刚出壳的小鸡——翅膀还不硬；太嫩

背着麸子卖鸡蛋——调（崇）皮捣蛋

种牛痘吃公鸡——大发

黄鼠狼蹲在鸡窝里——投机（偷鸡）

二十九天不出鸡——坏蛋

王八肚子上插鸡毛——归（龟）心似箭

百脚虫怕老母鸡——一物降一物

打败的鹌鹑斗败的鸡——垂头丧气；不敢上阵

捕尽杀绝黄鼠狼——宝鸡（保鸡）

尾巴上绑芦毛——冒充大公鸡

🟨 狗

狗上灶台——把柄（扒饼）

狗上宴席；狗上锅台——不识抬（台）举

狗不吃屎——谁信；信不过

狗不嫌家穷——友情为重

狗见主人——摇头摆尾

狗见兔子——奋起直追

狗长犄角——有点洋（羊）气；装什么洋（羊）；洋（羊）气十足；洋（羊）气；出洋（羊）相

狗吃牛屎——只图多

狗吃主人心肝——忘恩负义（苗族）

狗吃豆腐脑——闲（衔）不着

狗吃青草——装佯（羊）；装洋（羊）

狗吃面粉——犟（浆）嘴

狗吃桐油——吃的没有吐的多

狗吃烫芋头——吞不下，舍不得

狗吃烫肉——又爱又怕

狗守厕所——有其目的

犬守夜，鸡司晨——各守本分

狗走千里吃屎——本性难改

狗吠日头——不知天高地厚；吞天大罪；紧一声、慢一声

狗吞骨头——卡脖子

狗身上的跳蚤——乱跳

狗坐轿子——不识抬举

狗尾巴——越翘越高

狗尾巴上的露水——经不起摇摆

狗怕棍子牛怕鞭——一物降一物

狗挑门帘；狗掀帘子——全凭一张嘴；光动嘴；玩嘴；耍嘴皮子；尽靠嘴

狗面前扔骨头——投其所好

狗等骨头——急红了眼；心急火燎

狗咬日头——狂妄（汪汪）

狗咬乌龟——无处下口；找不着头（狗吃王八——找不着头）

狗咬叫花子——畜生也欺人；欺贫；势利眼

狗咬破羊皮——扯不清

狗咬秤砣——好硬的嘴

狗咬耗子——多管闲事

狗咬旋风——望风捕影

狗咬豪猪——不下嘴（云南）

狗屎一堆——臭东西

狗屎堆——用处不大，臭味不小；贱货；没人理

狗屎上开花——臭美

狗逗鸭子；狗赶鸭子——呱呱叫（狗撵鸭子——呱呱叫）

狗腿子下乡——百姓遭殃

狗舔空碗——满嘴词（瓷）儿

狗舔磨盘——瞎转悠

狗鼻子插葱——装什么相（象）

狗撵兔子——为主人跑腿

狗嘴里吐不出象牙——说不出好话来；什么人说什么话

狗嘴上贴对联——没门

狗戴耳环——能美到哪去

狗戴眼镜——充人

狗戴铃铛——混充大牲口

狗看星星——不知道稀稠；模糊

狗给老虎搔痒——好心没好报

狗戴帽子——充好人；装什么人样；不像人

狗戴箩筐——藏头露尾

狗嚼大粪——一张臭嘴（狗打呵欠——一张臭嘴）

小狗进茅房——尽是吃的；有吃有喝

放狗撵兔子——快对快

俩犬打架——狗咬狗；以牙还牙

疯狗的脾气——见人就咬；乱咬人

疯狗的尾巴——翘不起来

疯狗咬人——不看对象

疯狗咬太阳——不知天高地厚

烂狗屎——糊不上墙

给狗起个狮子名——虚张声势（藏族）

给狗递骨头——投其所好

猫狗打架——世代冤家（赫哲族）

猎狗撵兔子——紧追不放（蒙古族）

猎狗枕着羊肉腿——睡不着（蒙古族）

猎狗追捕兔子——魂都丢了（哈萨克族）

猎狗掘兔子窝——不扒到底不休

哈巴狗戴铃铛——假充大牲口；快活的狗腿子

哈巴狗戴眼镜——六亲不认

狼心狗肺——心肠坏；一样坏

拿着狗屎当麻花——香臭不分

孙膑吃狗屎——装疯卖傻

苍蝇寻狗屎；蝇叮狗屎——臭味相投

■ 猪

猪八戒下凡——没个人模样

猪八戒上阵——前有劲，后无劲

猪八戒上城墙——倒打一耙

猪八戒吃枣子——囫囵吞下

猪八戒坐飞机——丑上了天

猪八戒吹牛——大嘴说大话

猪八戒戴眼镜——冒充老先生；冒充斯文

猪八戒戴墨镜——天昏地暗

猪头肉——块块不精

猪头和马脸——彼此一样（壮族）

猪血拌豆腐；猪血煮豆腐——黑白分明

猪向前烘，鸡往后扒——各有各的门道

猪嘴的能耐——光会拱

猪蹄子不放盐——旦角（淡角）

猪嘴里的龅牙——包不住

小猪嘴抢食——吃里扒（爬）外

母猪拱老虎门——不想活

母猪吵架——笨嘴拙舌

死猪——不怕开水烫（比喻不接受批评的顽固分子）

母猪的尾巴——拖泥带水

母猪掉进泔水槽——饱吃一顿

吃猪肉念佛经——假善人

杀猪刀子刮胡子——悬乎

老母猪上屠宰场——挨刀的货

老母猪打架——光使嘴

老母猪打哈欠——屎牙臭嘴

老母猪进玉米田——寻棒子吃（找打）

老母猪尿窝——自作自受

属豪猪的——浑身是刺儿

买个猪头钓王八——不够本

给死猪抓痒——蠢人（傈僳族）

隔宿猪头——冷脸

小火炖猪蹄——慢慢来

太公分猪肉——人人有份

乌鸦笑猪黑——不知自己丑；自己不觉得

老子偷猪儿偷牛——一辈更比一辈坏

过年的猪——早晚得杀

乌鸦趴在猪身上——只见别人黑，不见自己黑

六月的瘟猪——死不开口

山中的野猪——嘴巴厉害

白骨精跟猪八戒吊膀子——一个想吃肉，一个想沾光

两个老母猪打架——赌嘴（即夸夸其谈）（云南）

吹胀了的猪尿泡——差点飞起来（彝族）

补锅佬宰猪——假充内行（土家族）

猪八戒照镜子——里外都不是人

城楼上挂猪头——架子大

剔了肉的猪蹄——贱骨头

三十晚上喂肥猪——来不及了

吹了气的死猪——胀起来了

三天卖不出去的猪下水——一副坏心肠

树上的乌鸦，圈里的猪——一色货

知识链接

谜语：亥豕格谜格

　　谜语是我国民间文学的一个组成部分。谜语的早期形式是度词隐语，这在春秋战国时代即已相当流行，如《国语》上说："有秦客度词于朝，卿大夫不知也"。这位秦国人所言度词，大概是很隐晦的。晋代人以"典午"的隐语称谓司马氏，也可划归早期谜语之列。

　　猜谜又称"射覆"，谜语讲究谜格。在诸谜格之中，有一种叫"亥豕格"。何谓亥豕格？倒不是取亥为猪的说法，而是借用"鲁鱼亥豕"之语，此种谜格可以猜相近的字。比如，谜面"贪多贝应去"，"贪"字去掉多余的"贝"字，应猜"今"字；在亥豕格谜格中，则可以猜为"令"字。"今"和"令"，一点之差，类似于亥豕之异。又如，蛇年岁首，也有谜语添趣。其实，"蛇年岁首"四字即可当做谜面，猜一个字，谜底：岂。"岁"之首，"山"；蛇为巳，"巳"和"己"相近，取的是上面所说的亥豕谜格。

第六章
趣谈十二生肖

　　趣谈十二生肖，说的是生肖过去的事情，包括有关的神话传说、典故成语，这是一个十分有趣的话题。十二生肖各自都有着色彩斑斓、千奇百怪的"生命史"，它们的故事是广大劳动人民的情感、想象以及各式各样希冀和祈求的体现，蕴含着中华民族特有的社会文化心理。了解它们，也就可以从一个侧面感受中国传统文化的意蕴与魅力。

第一节 趣谈子鼠

■ 坦诚受刑

　　山西南阳地方，过去有个叫赵侯的，高不满数尺，姿形丑陋，可是他从小学到了一点怪异的法术。有一次，他家里的白米被老鼠偷吃了。于是他作起法来，披发持刀，画地作狱，狱开四门，向东长啸。这一长啸，老鼠纷纷从东西南北四个门里进入狱中。赵侯口中念念有词："凡没有偷吃米的，离开！凡偷吃了米的，留下！"这一宣布，群鼠纷纷离开，仅余十几只老鼠伏地不动。赵侯用刀剖开这十几只老鼠的腹部，发现它们的内脏里都有米粒。

■ 老鼠嫁女日

　　历史上曾有过老鼠嫁女节，一般在正月二十五晚上。当晚家家户户都不点灯，全家人静坐在堂屋炕头，一声不响，摸黑吃着用面做的"老鼠爪爪""蝎子尾巴"和炒大豆，不出声响是给老鼠嫁女提供方便，以免得罪老鼠家族，给一年带来隐患。与此相关的还有一种庆祝鼠纳妇的活动流行于全国各地，日期和方式则因地而异。江南一带是在老鼠嫁女的前夕，家家户户炒芝麻糖，或爆米花。夜晚，

▲ 老鼠嫁女剪纸

孩子们将糖果、糕饼、米花等置于老鼠出入的暗处，然后大敲锅盖、铁簸箕之类，为老鼠"催妆"。

■ 知错即改

奇人马湘到常州游览，常州刺史马植早就听说其人法术了得，便邀马湘相见叙谈。马植谈到，常州城里的老鼠极多，为害甚重。于是马湘当即画了一道符咒，让人贴在南边的墙壁上，他接着用筷子敲击碗盘，长啸起来。老鼠听到长啸，成群结队奔走而来，俯伏在符咒下面。马湘让其间为首的一只大老鼠，出队走到台阶跟前，对它说："你这个小东西，上天已经给了你们吃的，怎么还去到人家的室下墙根打洞，昼夜侵扰百姓！今天，我以慈悲为怀，不斩尽杀绝尔等，但你要率领群鼠，离开此处！"听令完毕，这只大老鼠就回到了鼠群当中，群鼠皆作叩拜谢罪之状，尔后整整齐齐地排了队，一队一队，不计其数，出了城门。此后，常州城里根绝鼠迹。

第二节　趣谈丑牛

■ 神将被贬

　　传说在许多许多年前，形体高大和温顺的老牛是天宫中玉帝殿前的巡迴神将，它经常往返于天地之间，负责向人间传达玉帝的旨意，汇报人间发生的各种灾害和人们的疾苦。

　　有一年春天，大力牛神在人间巡视的时候，看到人们光着身子拉犁耕地，他们汗流浃背和喘着粗气耕耙，非常劳累，神牛见此光景，摇身变成一个身强力壮的青年，走到农夫跟前便拉起木犁来，过了半天工夫，神牛变的壮汉就耕了好大一片土地，周围的人们都感到非常惊奇。神牛变壮汉，第一次为人们耕地，既新奇又深感农夫们劳动的艰苦，它在返回天庭的路上倍觉身体又饿又累，当看到山坡上长满绿油油的青草时，就不由自主地停下脚步，大口大口地吃起青草来，它吃饱了青草，又在附近的小溪里喝足了清水，然后就在一棵大树下美美地睡了起来。

　　正值神牛呼呼大睡之时，太上老君急急找来，并拽醒神牛说："玉帝正着急地找你呢，要听取近日人间的情况哇！"神牛一拍脑袋"啊"的一声，爬起来就与太上老君疾快直奔天宫。待神牛赶到天宫，只见玉帝怒气冲冲地问道："你是怎么回事？"神牛吓得结结巴巴地说："人、人间耕地辛苦，我、我帮着耕了片地，然、然后吃了点青草，又、又睡了会儿觉"。玉帝怒气未消地拍着桌子说："像你这样拖拖拉拉，怎么能当好天地间的巡迴神将呢？这样吧，你既然热恋人间，那你和你的家人就一块到人间去吧，帮助人们拉车耕田。闲暇时，就要闭门反刍思过"。神牛还想说什么，眼见玉帝说完拂袖而去，就只有内心痛苦委屈地离开大殿。神牛生性温顺老实，虽然受到玉帝的斥责，确也感到自己有失职的地方。神牛二话没说，带上家人，直奔南天门。神牛边想边走，不经意被南天门的门槛绊一跤，一头摔在巨大的门镇石上，磕掉了一排上牙，所以直到现在牛都没有长出上牙来。

神牛变成了普通的老牛，它带着妻子儿女来到了人间，受到了人们的衷心欢迎。老牛就春天耕地耙田，夏天送肥拉货，秋天运送庄稼，冬天拉磨驮人，它每天任劳任怨地干活，从不偷懒。每当老牛干完活和吃完草料，就想着玉帝"闭门反刍思过"的话，一口一口地细嚼着肚子里的草料，回想以往的过错，力诚今后不再出错。时间一久，生活在土地上的人们把温顺勤恳的老牛当成了密不可分的好朋友了。人们丰厚的财富有着老牛的功劳。

有一天，传来了天上玉帝要挑选十二生肖的消息。老牛听说后非常激动，就与家人商量着决心去试试，想着玉帝会原谅自己过去的过错的。在参加挑选的这天天还没有亮，老牛就匆忙起床上路了，决心弄个生肖的第一名。当老牛走到半路时，遇到了机灵的小老鼠央求到自己头上挠痒且驮它一块走。老牛粗心没在意细想也就同意了，觉得驮一只小老鼠也没有多少分量，也耽误不了去天宫的路程。

心粗憨厚的老牛驮着给自己头上抓痒的小老鼠翻山越岭和涉水过河，气喘吁吁地来到天宫大殿门口。老牛正低头四望，准备奔进宫殿时，老牛头上的小老鼠突然跳将下来，像箭一样的第一个跑向玉帝座前。老牛被小老鼠的不义之举惊呆了，等老牛回过神来跑进殿堂时，小老鼠已经洋洋自得地排在第一位了。老牛生性老实忠厚，也不与小老鼠计较，心想排生肖的第二位也行。

玉帝看到了第二名报到的是被贬到人间的神牛，心中非常生气，就问老牛跑到天宫来干什么，老牛干着急无话可说。这时接替天地巡视的太上老君出班，向玉帝奏明了老牛每天勤勤恳恳、无怨无悔地干活和深得人们的称赞与爱戴的情况。玉帝听完陈奏即转怒为喜，当即封赐老牛为人间生肖的第二名。就这样，老牛凭着自己对人类的无私奉献，当上了人间的生肖。

■ 反刍思过

传说从前，老牛是天庭中玉帝殿前的巡天神将，巡视人间的疾苦且向玉帝奏报，并且还向人间传达玉帝的旨意。

有一天，神牛在人间巡视的时候，许多农夫对他说："人间寸草不生，大地和山冈上都是光秃秃的。我们想请求玉帝恩赐人间一些草种子，把山河装扮得绿油油得多好哇。"神牛回到天宫后，把农夫们的恳求奏报给了玉帝。玉帝听后觉得很有道理，便下旨选神到人间播撒草种子。神牛见状就抢前奏请说："我愿意去人间播撒草种"。玉帝嫌神牛平时办事粗心大意，就不乐意让他去。神牛为在众神将面前保住面子，就急忙在玉帝面前说："我能够很好地落实您的旨意，如若万一出了差错，我甘愿接受惩罚。"在神牛的一再请求下，让青司神把草种交给了他，并且嘱咐他"在人间一定走三步撒一把草种，撒多撒少都不行，多了形成草荒，少了覆盖不了地面。"

神牛领了玉帝的旨意，带上草种子，高高兴兴地离开大殿。当神牛又蹦又跳地走出南天门时，不小心被南天门的门槛绊了跤。他紧紧地抱着胸前的草种子，重重地摔了下去。过了好长的时间，他从云雾中跌落在人间的黄土地上，而且昏了过去。又过了好长时间，神牛在地上慢慢地苏醒了过来。他觉得脑袋晕疼晕疼的，眼前直冒金花。他躺在地上，想不起到人间来干什么了；但摸摸胸前的草种子，忽然想起到人间撒草种子的事，而且记得玉帝交代是"走一步撒三把"。于是，还有点头晕的神牛就把草种子很快地撒在大地和山冈上。撒完草种，神牛就心中美滋滋地回天宫交差去了，他还不知道自己犯了大错误呢。

到了第二年的春天，满山遍野的野草都长出来啦。农夫们看到茂密的野草就发了愁，费好大的劲才能锄掉一块草地，种上的庄稼受到野草的侵害。农夫们就托到人间办事的太上老君奏报玉帝,野草太多了,庄稼不能很好地生长。玉帝听到奏报后,心里就不高兴,急把神牛召来询问。神牛回奏说:"按您的旨意和嘱咐办的,走一步撒三把草种啊。"玉帝听后,不胜震怒地说:"真是胡来,我明白地嘱咐你走三步撒一把草种。"神牛听此,惊呆地站在那里,一句话也说不出来。

玉帝气得大吼道:"你这个粗心大意的老牛,弄得人间遍地野草,农夫不好种庄稼。当初,你是怎么请求和保证的?"老牛自知有错,只是说:"甘愿接受惩罚,甘愿接受惩罚"。玉帝怒气未消地说:"那好,免去巡天神将称号,从今以后你和你的子孙都只准吃草,帮助农夫除掉田中野草,这是其一。下凡到人间,祖祖辈辈都得老老实实地帮农夫做活,这是其二。其三,在做活之余,好好地反刍思过。以上三者,切切记住。"

撤掉神将封号的老牛羞愧地辞别了玉帝,就下凡到了人间。老牛谨记三条惩戒,知错就改,一辈子给农夫出苦力,终生吃青草。空闲时,把吃到肚子里的青草再返到嘴里咀嚼,一边咀嚼一边思考,如何以自己的温顺勤恳来弥补以前的过失。直到现在,老牛只要不做活,就习惯地反刍思过呢!

老牛对农夫是忠心耿耿,干活是任劳任怨,天不亮就出去耕地,暑天寒地照样拉车运东西,在磨房里无休止地拉套磨面。老牛对样样活都能干,从来不惜力偷懒,晚上回到草屋里,常常独自默默地吃着草料,吃饱了就反刍思过,从来都是无怨无悔的。就这样,时间久了,农夫们就忘记了老牛当初所犯的错误,把它当成了不可缺少的好朋友和好帮手,也更加喜欢和爱护老牛了。

第三节　趣谈寅虎

"苛政猛于虎"

苛政猛于虎，指残酷压迫剥削人民的政策比老虎还要凶恶暴虐。它出自《礼记·檀弓下》，又名《苛政猛于虎也》：

孔子过泰山侧，有妇人哭于墓者而哀。夫子式而听之，使子路问之，曰："子之哭也，壹似重有忧者。"而曰："然。昔者吾舅死于虎，吾夫又死焉，吾子又死焉。"夫子问："何为不去也？"曰："无苛政。"夫子曰："小子识之，苛政猛于虎也。"

文章大意是说孔子路过泰山边，有个妇人在坟墓旁哭得很悲伤。孔子立起身来靠在车前的横木上听到了，就派子路问她，说："你哭得那么哀伤，好像遭遇到很大的不幸了。"她就说："是啊！以前我的公公被老虎吃了，我丈夫也被老虎吃了，现在我儿子又被虎咬死了。"孔子说："为什么不离开这儿呢？"回答说："这儿没有苛刻的暴政。"孔子说："弟子们记着，苛政比老虎还厉害！"

这则小故事，表达的是儒家的政治主张。它通过凶残的老虎与严苛的暴政相比较，形象地说明了"苛政猛于虎"的道理，发人深省。

猫虎说

春天到了，农民即将到田野里去耕种，村子里的老年人说："遵照惯例要备办齐全的祭品，祭过之后到了秋天丰收才有希望。"于是置办了猫和虎喜欢吃的东西边祭边祈祷说："老鼠来吃田里的庄稼就求猫来逮它，野猪来吃田里的庄稼就求老虎咬它！"

村子里的年轻人见此就忧愁地说："迎猫可以的，迎虎是可以的吗？野猪糟蹋庄稼，驱赶它就逃跑了。如果迎来了老虎而没有野猪，老虎饿了会怎么样呢？听说对老虎不能给它吃死物，怕它撕不了就发怒；也不能给它吃活物，对杀戮活物也会不高兴地发怒。如果看到一头又全又活的野猪，那岂不是更要暴怒！我们平日里对老虎用弓箭射和器具捕，还害怕它的到来，怎么又去迎它呢？咳，若迎来老虎，我们被它咬死的日子就没有多久了！"

于是，老年人和年轻人一起去请教乡里有学问、有见识的先生，这位先生听了双方的陈述张口笑着说："为驱鼠而迎猫，为驱猪而迎虎，都浪费食物。你们想过没有，贪官污吏来抢夺，又迎什么呢？"

双方听了，知道这一切在所难免，回村之后就把供奉的祭品撤了，不再议论猫虎之事了。

■ 为虎作伥

有只老虎正饿得发慌，突然看见一个樵夫上山打柴，就猛扑过去将他吃了。樵夫死后，他的鬼魂正要离开，又被老虎抓住了说："你要找个人供我享用，否则我永远不放你走！"伥鬼为了摆脱老虎，连忙答应了。这伥鬼在前面带路，老虎在后面跟着，走着走着碰到了一个人，老虎立即扑过去。伥鬼为了尽快摆脱老虎，就上前将人的带子解开和衣服脱掉好让老虎吃得更快更方便。这种帮助老虎吃人的鬼魂就是伥鬼。

"为虎作伥"就是替老虎做伥鬼，用来比喻作恶人的帮凶，助坏人干坏事。这当然是旧时的一种迷信说法，不足为据，可"为虎作伥"这个成语却至今仍被运用，而且古人还据此编出了许多饶有趣味的故事。

第四节　趣谈卯兔

■ 兔子报仇

一个狮子在山林里搜寻可供饱腹的其他动物，可巧遇到了一只兔子。狮子对兔子说："我饿了，要吃你。"兔子灵机一动地说："狮子大哥，你先不要吃我。你不是勇力无比吗，我在山后一个地方遇见到一个长相跟你一模一样的勇猛怪兽，它跟我说狮子根本不是它的对手，如果遇到狮子就扒了皮和吃了肉。你说气不气啊，这怪兽也太目中无物啦。"

一向傲慢的狮子气得大吼一声，着急地问："兔子老弟，怪兽现在哪里？你快领我去，与那怪物决一胜负。"于是，兔子把狮子领到山后一片茂密的树林子旁边，指着一口很深很深的水井说："怪物就在那里面。"然后，兔子躲得远远的，在旁边观看。

狮子快步走到井边，气汹汹地向井里面一望，确有一个跟它一模一样的怪兽，也气势汹汹地用眼瞪着自己。狂暴的狮子对着井中的怪物狂吼一声，那怪物也对着它狂吼了声。狮子气得张牙舞爪，那井中的怪物也张牙舞爪起来。狮子气愤已极，也顾不得细想，只一心想着征服那个井中怪物，便憋足全身力气，纵身就往井里一扑，在深水井里扑拉一会儿，就沉到井里去了。

兔子用智慧战胜了狂妄骄傲的狮子，就往回走。兔子在回家的路上，遇见了一只山羊和一匹恶狼在争吵，山羊见到兔子说："聪明公正的兔子，请你来评评理吧。"兔子说："那好吧，请你们两个一个

中国古代生肖文化

一个地说吧。"山羊说："我把它从猎人挖的陷阱里救了出来，它得救后又要吃掉我，你说世间哪有如此不讲道理和不仁不义的动物呢？"山羊说着说着，就流出了难过的眼泪。

接着，面有凶相的恶狼辩解说："兔子老弟，山羊大姐是把我从陷阱中救了出来，原先我也曾说过得救后不吃它。但现在我饿得难受，吃它的理由就是饿，弱肉强食就是真理。"

兔子仔细听了山羊和狼的诉说，联想起前日兔弟被恶狼吃掉的情形，就心中有数说："你们两个说的都非常有道理，不过，我不相信你们所说的事情。"山羊和狼听兔子这么说，都急了眼，狼急切切地说："兔子老弟，你说该怎么办呢？"山羊也用期待的目光望着兔子。兔子不紧不慢地指着身边的陷阱说："若依真理公正评断，那就请你们两个把刚才发生的事情再重新演示一下，让我亲眼看一看才成。"

狼重又跳下了深深的陷阱，并且呼叫山羊来救。心中高兴的山羊望了望地上刚才救助过恶狼的草绳，又对着陷阱中的恶狼说："谁还会再救你这个忘恩负义的东西呢！"兔子也在一边说："你这黑心肠的东西，只有等待猎人的屠刀吧。"说完，兔子与山羊一块高高兴兴地回家了。

◾ 兔死狗烹

范蠡离开了越国，从齐国给大夫文种写了一封信说："飞鸟被打尽了，好弓就会被收藏起来了，狡黠的兔子被打死了，捕捉兔子的猎狗也要被当作美食烧吃了。越王这个人长着长长的脖子和鸟一样的尖嘴，可以与他共渡患难，但却不能与他共同享受快乐。你为什么还不离开他呢？"

"兔死狗烹"是流行于世的成语，这其中包含着一个发人深思的历史事件。越王勾践三年，吴国打败越国，勾践率部退守会稽。此时大夫文种向越王献计，以珍宝和美女到吴国去贿赂权重受宠的太宰伯嚭，请他劝说吴王夫差允许越国投降，勾践到吴国称臣为奴，充当人质。结果，吴王夫差同意太宰伯嚭之议，勾践在吴国三年，粗食布衣，每日到吴王夫差的宫庭洒水扫院。三年期间，越国作为吴国的附庸国岁岁进贡，且由文种代理主持越国的国家事务，治理得井然有序。

三年后，由于越王勾践谨慎殷勤，深得吴王夫差的满意，遂让勾践归国。勾践回国后，决心立志报仇，明里仍敬奉附属吴国，仍然粗食布衣。晚上睡在柴草上，吃饭、睡觉前都要尝一尝苦胆，策励自己不忘耻辱，这就是成语"卧薪尝胆"的出处。勾践仍然让文种管理国家政务，让范蠡管理军事，暗地里招兵买马，加紧水陆军队的训练。十多年后，越国由弱变强，并让范蠡率兵讨伐吴国。经过几年的争战，越国灭亡了吴国，吴王夫差也在重围之下自杀身亡。

在越国重新强大起来以后，范蠡已经看出了勾践的统治策略和行迹，就自己早早辞职引退，以免杀身之祸。范蠡走后，越王勾践却听信谗言，认为文种有异心，赐剑让他自杀。大夫文种不听范蠡的劝告，愚忠招致悲惨的结局。头脑清醒的范蠡从勾践胜利后的蛛丝马迹看出他的阴暗计谋，君王在打天下的时候需要文臣武将为其效力，可是一旦成功就会产生猜忌心理，就千方百计地要除去那些身经百战和出生入死为他夺取政权的人们，以巩固其统治地位。真是"飞鸟尽，良弓藏；狡兔死，走狗烹""可与共患难，不可同欢乐"，就成为历代封建王朝的文臣武将们最可怕的结局。

■ 兔死狐悲

（南宋）宝庆三年二月，义军领袖杨妙真派人去说服夏全："夏将军不也是从山东起义后来归顺宋朝的吗"？狐狸死了，兔子就会悲伤地哭泣，李全的义军被消灭了，唯独夏将军的部队还能生存下去吗？请将军您好好想想这样的后果吧！"

南宋时期，山东地域处于金兵的控制之下，该地区的人们不堪忍受金兵的压迫，纷纷起兵抗金。当时有几支规模较大的抗金起义军，其中有杨安儿和李全领导的一支义军，在山东地区与金兵作战。由于金兵的残酷镇压，这支义军伤亡惨重，首领杨安儿也在一次战斗中阵亡。杨安儿的妹妹杨妙真（人称四娘子），继续率领义军转战山东各地。杨妙真善于骑射，又悉心体贴义军将士，在义军中有很高的威信和很强的号召力，在义军中也称她为"姑姑"。后来，杨妙真率领的义军与原先失散的李全统率的义军汇合，两人结为夫妻，共同组织与金的斗争。这支义军从山东转战到江苏楚州（今淮安一带），在金兵不断追剿的残酷环境下，准备归顺南宋继续抗金。公元1227年（宝庆三年），南宋王朝不但不支援这支抗金的义军，反派太尉夏全率兵攻打楚州，致使李全和杨妙真的义军处境十分危急。此时，杨妙真便派人去说服原为义军首领现为太尉的夏全，夏全经过仔细思虑，没急于用兵进攻义军。由于夏全的尽力荐报，到公元1228年，李全和杨妙真率领义军投归南宋，继续在江苏北部和山东南部从事抗金斗争。

"狐死兔泣"就是从这个真实的历史故事中得来的，因为人们习惯于把狐和兔视为同类动物，就把"狐死兔泣"比喻因为同类的死亡而哭泣悲伤。后来，人们也习惯把"狐死兔泣"说成"兔死狐泣""狐死兔悲"与"兔死狐悲"。刚开始，此成语是广泛应用在同类相怜的用语中，经过长时间的演变，这个成语已经用于贬义的了。

第五节　趣谈辰龙

■ 商陵君养龙

有人把穿山甲当成了龙，献给了商陵君。商陵君非常高兴，并问它吃什么，献龙者说吃蚂蚁。商陵君还专门派人去秦国请来会养龙的人，来饲养和驯服它。有人对商陵君说："这是只穿山甲，不是龙。"商陵君一听大怒，就用鞭子抽打这人。从此以后，商陵君周围的人都害怕了，没有人敢说它不是龙的，每个人都顺从商陵君称它是神龙。

有一回，商陵君来看"龙"，只见那"龙"卷屈着如弹丸一样，后又突然伸展开来。周围的人假装惊讶，说这条"龙"太神奇了。商陵君听了大为高兴，而且让人把"龙"迁到宫里去住。在一天夜里，这只穿山甲在砖土墙上挖了个洞逃跑了。周围的人发现后立刻去报说："这'龙'刚健有力，竟然穿石走了！"商陵君赶忙去察看"龙"去的痕迹，惋惜不已，又吩咐要养好蚂蚁，等着它回来食用。

没过多久，大雨骤下，雷电交加，天上的真龙光临了。商陵君就认为他喂养过的"龙"来了，便让佣人把蚂蚁摆出来邀请和招待它。真龙一见非常愤怒，随后就震坍了宫殿，商陵君也被压死在里面。

■ 鲤鱼跳龙门

高大险峻的龙门山，挡住了滚滚东去的黄河水。大禹治水来到这崇山峻岭之中，便从山中凿开了一道门，大概一里多长，就叫做龙门；黄河之水就是从龙门中间流下去的，因龙门的两岸断山绝壁而不能通行车马。每年的暮春三月，在龙门的下边，总有许许多多条黄鲤鱼逆水而上，从大海和各条大江大河争先恐后地游到这里，它们迎着湍急的河水奋力向前，靠近了龙门之后再拼力向上猛跳。一年之中能够跳跃登上龙门的，不超过七十二条。那些跳上龙门的鲤鱼，一登上去，就有云雨跟了过来，天火又去后边烧去了它的尾巴，便腾云驾雾直飞天空，此时的鲤鱼便变化成了龙。这个龙门，汹涌波涛的黄河之水从中流过，

▲ 鲤鱼跳龙门

像飞箭一般的急流而下，靠龙门的地方水深三里，水冲出龙门之后要到七里多的地方才舒缓一些。

　　"鲤鱼登龙门"这个故事，是脍炙人口和极其动人的流传久远的神话。古人认为龙生于水，与鱼鳖为伍，鱼龙混杂，龙因身披五色而得为水族之长，后又升天才变成了龙。在此基础上，先人们演绎出了鱼龙变化的故事。从古至今，人们一向看重鲤鱼，因为它色彩鲜丽和游姿矫健，认为是吉祥之物。两千多年前的思想家和教育家孔子生儿子时，亲朋道喜并提鲤鱼而来，孔子就为儿子取名孔鲤。百姓盖房落成或遇喜庆之事，亲朋多提鲤鱼来贺等。可见，鲤鱼为中国人所钟爱，尤其是黄河鲤鱼更受到人们的喜欢。鲤鱼跳龙门，便是历代流传和激励人们奋发向上的神话故事。

第六节 趣谈巳蛇

■ 杯弓蛇影

有一天，乐广请客饮酒。觥筹交错，酒过三巡，饮者大多有些醉眼朦胧。有位客人又端起酒杯，正要喝时，恍惚看见杯中有一条小蛇，但他还是喝了下去。回到家中，此客想起杯中晃动的小蛇，便以为自己将蛇喝了下去，顿时，他感觉腹中有什么东西在动。因此他得了病，吃什么药都不管用。这些事被乐广知道了，乐广心中纳闷：酒杯里怎么会有蛇呢？为了解开这个谜，乐广就坐在客人那天坐的地方，端杯饮酒。忽然，他发现杯中果然有小蛇的影子；抬头一看，他恍然而笑。原来是挂在房中的一张弓将影子投入在杯子当中，像是一条小蛇。于是，乐广将此事告诉给那客人，并把他请来，观看那"杯弓蛇影"。客人见后，也笑起来。从此以后，客人的病就好了。这个故事，虽然被后人比喻为疑神疑鬼、自相惊扰，但也真实地反映了人们畏蛇的心理。

■ 画蛇添足

画蛇添足讲的是一个寓言故事。有一个楚国人，拿出一瓶酒来给大家喝。有人觉得一瓶酒大家喝不过瘾，不如一人喝，便提议大家在地上画蛇，谁先画好谁先喝。这一提议被大家认可了。一个人首先画好蛇，便拿过酒，刚要喝，见其他人还没画好，便说："我再给蛇画上几只脚。"他还在画脚，另一个人已画好蛇，便从他手中将酒夺过去，说："蛇本来没有脚，你怎么能去画脚呢？"说完便将酒饮下去。这个寓言故事表明，多此一举，不但无益，反而会坏事。别以为画蛇添足的人可笑、无知，其实我们许多人常做类似画蛇添足的事情。

■ 刘邦斩白蛇起义

秦末，陈胜、吴广揭竿而起，曾任泗水亭长的刘邦起兵于沛（今属江苏）；秦亡后，刘邦与项羽争天下。项羽失败，刘邦建立汉王朝。刘邦起事，为形势所迫。当时他以亭长身份押送劳工到郦山，途中许多劳工逃亡和死去。秦法规定，如有劳工逃亡，押送者和剩余的劳工都要被处死。刘邦知道到了郦山也是死路一条，便对劳工们说："你们都走，让我一人去死吧。"大多数劳工逃散了，但有十几个人愿意跟随刘邦。逃亡途中，有一条大蛇挡在路上，谁都不敢过。刘邦拔剑上前，将大蛇斩为两段。刘邦斩蛇起义的事情，被后人演绎成很神奇的故事。《史记》上称，刘邦斩蛇后率他人离去，有人来到蛇的所在地，见一老太婆在那里哭。问她哭什么，她说："我的儿子被人杀了，所以哭。"问的人又说："你的儿子为什么被人杀呢？"老太婆说："我的儿子是白帝之子，变化为蛇挡在路上，结果被赤帝的儿子杀死了。"这当然是一种演绎。江苏北部地处黄淮，正属蛇类很多的地方。刘邦反秦起义，开始时力量单薄，只能隐藏在山中、树林里，遇见蛇，不足为怪。但由此人们便把他归于"真龙天子"出世；五行相生相克，成者为"龙"，败者为"蛇"。按照五行观念，秦为西方白金德，汉为南方赤火德，火克金，所以刘邦得以亡秦而建立汉。这白蛇，是代表秦的，即"白帝子"，刘邦则为"赤帝子"；赤帝子斩白帝子，预示汉兴秦亡。这自然是古人的一种迷信说法，或者是利用人们的迷信而进行宣传鼓动、制造舆论。

还有将刘邦斩白蛇起义的故事演绎得更神奇的。刘邦当时要斩白蛇，白蛇说："你如果斩我的头部，我将让你前边乱；你若斩我的尾部，我就让你后边乱。"刘邦听罢，既不斩其头，也不斩其尾，而是拦腰斩断。结果，汉王朝在中期发生了王莽篡位。有人以"莽"为"蟒"，蟒即蟒蛇，也就是汉高祖刘邦所斩的白蛇。汉朝立国时间为公元前206年至公元220年，王莽篡位为公元9年至23年，恰恰是汉朝（西汉、东汉）的中期，恰恰应了白蛇"斩哪乱哪"之说。这好像是很神奇，但我们以为这个故事是汉以后的人所编造的，因为蛇是不会说话的。

第六章 趣谈十二生肖

第七节　趣谈午马

■ 周穆王乘八骏

传说三千多年前，周朝的第五代国君叫姬满的周穆王喜欢巡游，车辙马迹，几乎布满天下大道。

周穆王的宫中有个驾马车的造父，他不仅能相马，而且能调理马的饮食，度量马的力量，审察马的四蹄，训练马的奔跑；驾起车来得心应手，可以无远而不至。

造父从夸父山上寻找到了野马，经过驯养，献给了周穆王。所献共是八匹骏马，一是绝地，跑起来足不践土；二是翻羽，跑起来比飞禽还快；三是奔宵，一个晚上能跑万里之遥；四是超影，奔驰的速度追得上太阳；五是逾辉，有着光彩夺目的斑斓毛色；六是超光，如箭射出，看上去好像有十个影子在窜动；七是腾雾，奔跃犹如腾云驾雾地快速；八是挟翼，背上长着一对肉翅膀，能在天空飞行。把这八匹卓绝的骏马，按照一定的次序驾在马车上，即使按辔徐行，这天地也仿佛在咫尺之间，不消片刻，要到哪里就到哪里。

凭借着这八匹骏马拉的马车，凭借着驾驭马车的高手造父，周穆王坐在马车里，舒舒服服地巡游各地。巡游中，他在阳纤山见过水神河伯，他在昆仑山瞻仰过黄帝的宫殿，他在赤乌族接受了奉献的美女，他在黑水封赏了殷勤接待的长臂国人……然后，选了一个黄道吉日，让造父驾着八匹骏马拉的车子，一直驰向大地的西极，到了太阳进去的崦嵫山，见到了他思慕已久的西王母娘娘。

周穆王把特地带来的白圭、黑璧、彩丝献给西王母，又在瑶池设筵款待西王母，双方非常高兴，赋诗吟唱。酒席散后，周穆王又坐着八骏马车，登上崦嵫山的山顶，在那里立了一块石碑，刻上了"西王母之山"五个大字，而且亲手栽了一棵槐树，以作为纪念。

■ 老马识途

两千六百多年前的春秋时期，周朝的势力逐渐衰弱，各诸侯王国的割据势力逐渐强大。当时，齐国国君齐桓公在宰相管仲的辅佐下，大胆使用各类人才和启用能工巧匠，改革兵制与官制，奖励农耕和渔业，很快使齐国兴旺富裕起来。逐渐国富兵强的齐国，君主齐桓公被诸侯尊推为霸主。

有一年，北方的少数民族山戎，大举进犯燕国（现位于北京附近），燕国连吃几次败仗后，便派使者到齐国请求发兵援助。齐桓公身为诸侯盟主，就有帮助弱国抵抗外族的责任，更何况两国是邻居呢，于是亲自和管仲率军出征。齐军到了燕国，山戎军队抢掠一阵就望风而逃。管仲建议齐桓公追击，以防止敌人卷土重来的后患，齐桓公采纳了这个建议，就带兵向北追击，一直追到了孤竹国（现辽宁朝阳一带）。谁知孤竹国君和山戎大王都仓皇逃跑了，只留下一座空城。齐桓公只好留下一部分军队守城，自己又带着大军继续向北追去。

这一天追着追着，追到了一个荒谷里。这里荒无人烟，只有大片大片的灌木树林，时辰又到了黄昏的时候，乌鸦嘎嘎叫着归巢，大队人马迷了路。人马处境危险，何况春天出兵至此已到深秋，所带军粮也不多了，可能引发人心不稳。齐桓公和众将士着急之时，管仲忽然想到狗离窝能自己找路回家，马也许也有这个本事。他便向齐桓公建议说："让

我们利用一下马的智慧，让马来领路吧"。齐桓公只好无奈地点点头说：
"试试看吧！"大家七手八脚，从战车上卸下了几十匹老马。老马扬
起头望了望，便一匹一匹地沿来路相随朝前走去，大队人马就跟着这
些马匹走呀走，果然走出了荒谷。此刻，齐桓公才松了口气，对管仲说：
"老马识途，你识老马，你真是一个博学多识的人啊！"

■ 马与黄牛

　　传说从前，有一个富人，他有一匹健美无比的马。平时，这马在
家吃着精细的饲料，外出佩戴漂亮的笼头和华丽的鞍具。这马见主人
如此爱惜和打扮自己，又常听人说"马大值钱和人大会臭"的话，也
就变得非常骄傲自大起来。

　　有一天，主人把马拴在树上，它便挣脱了绳子，跑到外边的路上。
它正跑着，正好迎面过来一头拉车的黄牛，一步一步地缓缓走着。马
老远地大声喝斥道："快给让开！要不然的话，我会把你踢个牛仰车翻。
你没听说马大值钱吗？"

　　黄牛吃力地拉着车子，本想分辩，一看马那趾高气扬的样子，心
想说什么都没有用，只好赶快让道。

　　这马便飞驰而过，黄牛顺从让道正使马得意忘形之时，奔驰下坡
道中马失前蹄，跌倒且翻了个滚使马的前腿严重骨折了。马腿骨伤养
好后，成了瘸马，也不能作为乘骑使用了。它的主人将其卖给了一个
马车夫，它再无缘漂亮的笼头和华丽的鞍具了。从此以后，这匹马不
得不天天瘸着腿拉车干活了。

　　一天，黄牛在道上碰见瘸腿拉车的这匹马，就慢声慢气地说："伙
计！你怎么也拉起车来啦？噢，想起来啦，人说的'马大值钱、人大
会臭'，是说你比猪羊价高、人若高傲没人搭理。你怎么理解呢？要
信奉人间常说的'骄受损、谦受益啊，你好好想想吧！"马羞愧得低
下了头。

■ 马驹与狼

一匹小马驹在山坡上吃完嫩草，正准备回家时，迎面来了一只大狼。狼走近马驹说："马驹小弟，对不起，因为我饿啦，所以要吃掉你。"小马驹迅快地想了想说："狼大哥，你等一等再吃我。告诉你，在我的一条后腿的蹄子里，藏着一颗金子；你有了金子，不仅会富裕无比，动物们都会尊敬和羡慕你的。"大狼一听，非常高兴，心想先得了金子再吃马肉不迟。

于是，小马驹便抬起一条后腿，大狼乐滋滋地跑到跟前，想在蹄子里找金子。小马驹瞅准大狼的额头狠狠地一踢，狼便仰面朝天地倒地晕了过去。小马驹乘机跑回了家，大狼清醒过来又气又恼，自言自语地说："我这是办的什么事！到嘴的肉没吃上不说，倒差一点给踢死。"

第八节　趣谈未羊

▢ 羊　仙

　　东汉齐地有一个叫梁文的人，信奉神道。他家建有一个神祠，共有三四间房子。神座上围起了黑色的帷帐，梁文经常在祠中。建祠十几年后，有一次正在进行祭祀，忽然听到帷帐中有人说话，称自己为"高山君"。这神能吃能喝，给人治病也灵验。梁文对"高山君"十分尊崇恭敬。过了几年，梁文被允许进入帷帐中。在"高山君"喝醉的情况下，梁文就请求"高山君"给他看一看尊容。"高山君"对梁文说："把手伸过来。"梁文伸手摸到"高山君"的面颊，面颊下的胡须非常长。梁文慢慢地将胡须绕在手上，突然向外拉，却听到羊的叫声。神祠中在座的人都吃惊地离开座位，帮助梁文向外拉，拉出来一看仍是袁公路（名术）家养的羊。这只羊不见了七八年，不知道在哪儿，梁文把这只羊杀掉了，神祠中上述情况再没有了。

　　在近两千年前的农耕社会时期，天人合一的自然崇拜非常盛行，各行各业和各种物种的神祇充斥着人们的日常生活。作者所写"羊仙"，有着浓厚的时代和社会背景。文章构思巧妙，以神秘、神奇为线索逐层深入描述，因"神"喝醉麻痹大意而原形毕露，最终遭致杀身之祸。身为"高山君"的羊"神"，怎么能够杀呢？作者既编排"神祇"能杀，就说明作者是不信神的，在迷信甚嚣尘上的晋朝是对神的大为不敬。编写神怪故事。虽然供给文人庶民以消遣娱乐，但也反映了作者反对迷信和揭示迷信误人的思想理念。

■ 羊炙

　　顾需是吴地的豪杰，曾经在升平亭设筵送别客人。当时有一个僧人在座，是一个不守戒律的僧人，主人打算杀一只羊，羊挣断绳索跑了，跑到这个僧人的双膝中，把头扎到僧人的袈裟里求救。僧人没有救，羊被捉去杀掉了。羊肉烤好后准备分吃时，主人先割一块肉给僧人吃，僧人吃这块肉刚下咽，便感觉到这块肉在皮下乱窜，疼痛得不能忍受。喊医生来针灸，医生用几根针扎住这块肉，肉乃然在动。于是，剖开皮拿出这块肉仔细一看，原来就是一小块羊肉。僧人于是得了病，像羊一样地叫，并且口吐白沫。回到寺庙后，不一会便死了。

　　这是一篇志怪故事，写羊以自己特殊的方式复仇来惩罚见死不救的僧人。僧人本应以慈悲为怀，遵守不杀生和不食荤等戒律，不但见死不救，还贪口腹之欲，终得恶报。当然，这种因果报应是不存在的，但也警示人们要爱护各种动物，维护自然的生态平衡，反对乱猎滥杀动物，尤其是对那些濒临灭绝稀少珍贵动物禁止捕杀。

■ 神羊献珠

　　洛阳地界内有一个洞穴，深不可测。有一个妇女想杀害丈夫，就把丈夫推下洞穴。经过很长的时间丈夫才坠落到洞底，他在洞底发现了一个旁出的洞穴，他就顺着这个洞爬行了几十里，洞穴渐渐地显得开阔明亮。他看到了城墙宫殿房屋，都以金银珠宝装饰，闪闪发光超过日月。那里的人都有三丈高，穿着羽毛的衣服。这样的地方一连经过九处，到最后一处，他告诉长人肚子饿了，长人指着庭院中的大柏树，这棵树接近百围，树下有一只羊，长人叫他跪下用手握住羊的胡须向外抹，抹到一颗珠子，让长人拿去了，第二次抹到的珠子也被长人拿去，第三次得到的珠子长人叫他吃下，吃下后立即感到不饿了。他就问长人所到的九处是什么地方，并且请求居住，长人回答说："你不可以停留此地，回到家问张华就知道了。"他只好又向前走，走出洞穴是交州地面。回到洛阳后，他将所遇到的事情向张华询问，张华回答说："你经过的九处地仙名称叫九馆，树下的大羊是无角的龙，第一颗珠子吃了人可以长生不老，第二颗珠子吃了可以延年益寿，你吃的第三颗珠子只能充饥。"

这篇以古代"羊为树神"的传说写成的志怪故事，《迷异记》云："梓树之精化为青羊，五百年而红，五百年而黄，又五百年而色苍，又五百年而色白。"树生千年是存在的，羊活百年不可能，但神羊能活多久就说不清了，羊为树神，可能古人认为羊喜食树叶，又啃树皮，吃饱常栖息于树下，就产生了这个联想。作者将这一传说引进故事作为主要情节，就增加了故事的趣味性和戏剧性，使人读后感觉奇异。

第九节　趣谈申猴

■ 盗药救人

　　传说在很久以前，小猴子住在天宫里，它聪明伶俐和身手敏捷，会翻筋斗，会表演杂技，还会做鬼脸等滑稽动作，经常逗得玉帝开怀大笑。因此，它深得玉帝的喜爱。

　　有一天，玉帝离开宝殿外出游玩，小猴子在天宫里十分寂寞，生性好动的它就想起到凡间游逛一下。小猴就三个筋斗翻到人间，使它大吃一惊的是，看到许多的人面黄肌瘦，且倒在路边和树旁呻吟着。原来，人间正流行瘟疫，已经死了许许多多的人了。小猴子问人为什么不吃药，可是那些人就根本不知道什么是药。小猴子见状，非常难受，就心想回天宫向玉帝讨药为人间治病救人。

　　小猴子急忙驾起筋斗云回到天宫，可是玉帝外出还没有回来，按照平日太上老君说灵芝、兰根、川芎、防风等草药能防瘟治病，小猴子便独自来到御药园。想到私自盗药是会受到重罚的，可又想到凡间那些被疾病折磨得死去活来的人们，就鼓起勇气把灵芝摘了下来，随后又摘了许多其他药材的种子送到人间。人们吃了小猴子送来的灵芝，喝了川芎、兰根等药材熬的汤水，很快好了起来，又能下地干活和正常生活了。小猴子心里非常高兴，就把剩余的灵芝和其他药材的种子撒向山林坡地，悄悄地回到了天宫。

　　刚回到天宫，小猴子就被怒气冲冲的玉帝派来的四大天王抓获，并命令把小猴子扔到凡间去。小猴子急得大哭大叫，并请求玉帝宽恕。

玉帝余怒未消，不肯原谅小猴子，并说："快把这贼猴扔下去，还要让人间的灵芝都长在悬崖峭壁上，各种贵重药材都长在深山老林里，不能让人轻易得到。"飘飘忽忽地，小猴子从天上摔到了地上，它屁股先着地，被摔得红红的。一直到今天，猴子的屁股还是通红的。

地上的人们知道了小猴子被罚下凡，都纷纷跑来看望它，并给它带来桃子、红枣、西瓜等许多好吃的水果。小猴子也经常冒着生命危险去深山悬崖上采摘灵芝和其他药材，送给人们治病强身。从此，猴子和人成了好朋友。小猴子在人间愉快地生活着，它的聪明伶俐使人们十分喜爱。可是，小猴子总是忘不了过去在天宫中的日子。

日子就这样一天一天地过去了，这天传来一个消息，说天上的四大天王正在人间挑选动物，被选中的可以去天宫参加生肖的竞赛。小猴子听了可高兴啦，心想可以返回天宫了。它就非常激动地前去报名，可是四大天王却说小猴子违犯天规被贬人间的，又没有什么功劳，不能竞选生肖。小猴子听说后，难过地掉下了眼泪。种田回来的人们路过这里，问明了原由，就给四大天王说："小猴子盗天宫药材虽然有错，但挽救了人类，这不是很大的功劳吗？"人们就七嘴八舌地说起小猴子的聪敏善良的许多事来，四大天王只好同意了，他们最后还叮嘱小猴子一定不要忘了去天宫参加竞选生肖的日子。

小猴子高高兴兴地回到家里，等着盼着参选生肖的日子的到来。待选生肖的那天一大早，在人们的嘱咐和欢送下，小猴子信心十足地上路了。小猴子翻山越岭，中午时分来到一处茂密的森林，就爬上一棵大树准备休息一下，忽然看到喊着"救命"的一个少年急慌跑来，后面有一只大灰狼正在拼命地追赶。小猴子看在眼里，心里有了算计，就飞快地从树上滑下来，挡住大灰狼的去路，大喊一声："站住！"大灰狼恶狠狠地盯着小猴子说："让开！要不连你一块吃掉！"小猴子笑嘻嘻地问："狼大哥，你为什么要吃这个少年呢？"大灰狼伸着舌头说："这叫弱肉强食，你知道吗？"小猴子说："既然是这样，你就应该显示出强大的本领来才让人服气啊，不如你们比试一下吧。"

"怎么比？"大灰狼问。

"看到来路边上那棵两杈大树吗？就在这段距离内比好了，你在前面跑，少年在后面追，中间隔二十步，要是他追不上你，你就吃掉他；要是追上了，就证明狼大哥说的是假话。"小猴子一本正经地说。

大灰狼听了，心想自己本是快跑高手，又何况占了二十步的便宜，便乐呵呵地一口答应了。猴子口令一下，狼撒腿就跑，像飞一样的快。当狼像箭一样跑向远处的两杈大树近处时，只听"咣咚"一声，大灰狼掉进了陷阱里。原来，小猴子早在来的路上发现了猎人设的这个陷阱，才想出了这个制服大灰狼的办法，树下惊慌失措的少年，这时脸上才平静了下来，与小猴子高兴地说笑着。

小猴子交代少年找上一根木棒回家，防备恶兽的侵袭，自己又急急慌慌地赶路。小猴子跋山涉水，气喘吁吁地来到天宫大殿时，堂上已经排列八种动物了。玉帝本来还在生小猴子的气，但是看到小猴子为了救人，宁可耽误自己的大事，心中有些感动，而且它当年盗药也是为了人类啊！于是，玉帝就册封小猴子为第九名生肖；又因救人有功，赐封为神猴。小猴子凭着自己善良的心肠和超群的智慧，终于成为十二生肖中最具有灵性的动物。

■ "车中猴者，申也"

《唐人传奇》中有篇《谢小娥传》，讲述的是寻找杀人凶手的破案故事，解梦、拆字，好似猜谜一般，其中借用了申与猴。故事讲的是，谢小娥的丈夫和公公在外经商，却不幸被害，父子二人含冤而死。公公托梦说："杀我者，车中猴，门东草。"丈夫托梦说："杀我者，禾中走，一日夫。"谢小娥不解其意，四处打探，不得其解。后来，李公佐为她解释说：

车中猴者，申也；门东草者，兰也。禾中走者，穿田过，亦申也；一日夫者，春也。是杀汝父者，申兰；杀汝夫者，申春也。

"车"字的繁体字写作"車"，中间是一个"申"，而十二生肖中申与猴相匹配。故而会有"车中猴者，申也"之说。李公佐是个文学家，托梦告知、拆字解梦等等，大约出自他自己的创作，当然也不排除有民间故事传说的因素。文中设计了"车中猴"、"禾中走"之类的谜面，并巧妙地将其编织成梦，从而渲染了传奇故事的神秘的传奇色彩。

第十节　趣谈酉鸡

🟨 鸡有五德

　　田饶侍奉鲁哀公，但不为鲁哀公所重视。一日，田饶对鲁哀公说："我将离开您像鸿鹄那样远走高飞了。"哀公问："这怎么说呢？"田饶答道："您难道没有见过鸡吗？鸡头上戴着美丽的朱冠，这是文；脚后长着突出如趾的尖骨，这是武；敌人在前敢于与之相斗，这是勇；见食就互相呼唤，这是仁；守夜不误时黎明即啼，这是信。鸡尽管有这五种美德，您还是每天用汤煮着吃它，这是为什么呢？因为鸡是从离您近的地方来的。而鸿鹄一飞就是千里，栖息在您的园林池边，吃您养的鱼，啄您种的谷物，又没有鸡的那五种美德，您却仍然十分珍视鸿鹄，因为它是从离您远的地方来的。因此，我想请您让我像鸿鹄那样去展翅高飞。"哀公道："别说了！我将把你的话写下来。"田饶说："我听说，一个人吃了人家的食物，就不应该弄坏人家盛食物的器具；在人家的树下乘凉，就不应该折断人家的树枝。有了人才却不重用，写下他的话又有什么必要呢？"于是，田饶离开鲁国走了，到了燕国，燕国立他为相。三年后，燕国政通人和与国泰民安，无盗贼抢劫。哀公听说后，叹息不已。

🟨 陈仓宝鸡

　　秦穆公在位时，陈仓这地方有个人挖地时挖出一个怪物，它像羊又不是羊，像猪又不是猪，那人就牵着这怪物去献给穆公。途中遇到两个小孩子认得这怪物，就说："这是老妖婆，常在地下吃死人脑子。你要杀死她，就用柏树枝插在她的头上。"老妖婆一听，就慌忙地说："这两个小孩是鸡宝，抓住雄的能为王，抓住雌的能称霸。"于是那个人便丢下老妖婆，去追赶那两个孩子。两个小孩急了就连忙变成两只山鸡，飞进了树林里。那个陈仓人将此事告诉穆公，穆公派出大批人马去围捕，结果只得到一只雌的，这只山鸡又迅疾变成一块石头，穆公便将这块石头置放在汧山渭水之间。到文公时又立祠祭祀，这个祠的名字就叫陈宝。那只雄山鸡飞到南集，即现在南阳雉飞县这个地方。

这则故事虽为志怪小说的荒诞之事，但能够看出当时人们对鸡的崇拜之情。在古人的心目中，鸡能识妖除怪和祈祥求福，是理想的吉祥物。秦穆公将雌山鸡化成的那块石头，恭恭敬敬地放置在汧渭之间，求它为秦国降福。过了几年，由于穆公纳贤图治，秦国果然称了霸，秦穆公也成了战国的"五霸"之一。当然，不是捉到雌鸡之故，而是秦国励精图治之果。到了唐朝，发现"鸡宝"的陈仓正式改名为"宝鸡"，这个地名一直沿用至今。

☐ 煮头长鸣

徐州有一平民叫吴清，于东晋太元五年初被征入伍。他对吉凶难料之下就按时俗来个杀鸡求福，谁知煮熟了的鸡头盛在盘子中，忽然鸣叫起来，而且声音还拉得好长，看样子是只鸡妖了。后来吴清所在的队伍打败了以邵宝为帅的贼军，邵宝阵前战死。当时，战场上尸体散乱、血流满地和身首异处、面目全非，无人认得邵宝尸首。吴清在寻找中见一白袍死者，怀疑是主帅，遂取其头用鼻子嗅嗅，经推断核对，确认这头就是贼帅邵宝之头。吴清以这件事，功拜清河太守。从一个普通士兵得以越级提拔，突然一下子升到太守职位。这说明"鸡中之妖"，更是吉祥之物。

这则精怪故事是说鸡煮熟了，还能长声鸣叫，而且这鸡妖还预兆主人的吉祥与好运。这荒诞不经的事说明古代先人们对鸡的崇敬，鸡的谐音"吉",象征吉祥如意;鸡吃蜈蚣、蝎子等毒虫,能为民除害;雄鸡报晓,唤来旭日东升和光照大地,更增加了人们对鸡的崇拜。古人视鸡为辟邪求福的神禽,所以吴清出征前才按时俗"杀鸡求福"。实际上,徐州平民吴清不是靠神鸡的保佑而获得越级提拔的,而是靠他在战场上的勇敢和善于动脑筋而获得福禄的。"杀鸡妖吉祥",只是在那个生产力和科技非常落后的封建时代人们的良好愿望,要想获得人生的成功还须个人的努力奋斗,正如常说的"天道酬勤"。

第十一节　趣谈戌狗

■ 狗换牛

傈僳族的"狗换牛"故事，在结构上与藏族的相一致，同样讲述了一个机智人物刮加桑如何设计以狗换牛的故事，大意是：

山民们缺少耕牛，每年春耕时，都得去有牛的土财主家换工来犁地。但财主都要等到自己的地耕完活做完后，才让山民们犁地，这时节令已过，种下的庄稼都得不到收成。于是机智人物刮加桑就想治一下财主，给大家出口气。

春耕来临时，财主牵着耕牛，往地里去，这时刮加桑找着犁头犁架，牵着一只大黑狗，从财主身边走过，对狗说道："我的好神狗，你辛苦了，一晚就耕了三架地，这回该好好休息了。"财主问："兄弟，世上只有牛才犁地，哪有狗犁地的？"刮加桑听了神秘地说："我这只狗不是普通的狗，是只神狗。"于是，财主起了贪心，让刮加桑把狗卖给他，多少钱都行。刮加桑执意不卖，最后双方答应以狗换牛。刮加桑忠告财主，要使唤这只狗，得叫它吃好睡好，到了晚上，神灵就会给它力量。

财主依照忠告，好生喂了几天，有一晚，他牵狗去犁地，可是狗一架上套就装死，不听使唤，财主举鞭打狗，狗咬掉了财主的脚趾头，疼得财主昏死过去，醒来时，发现狗无影无踪，脚趾头被咬掉一个，自知上当受骗。

■ 快犬送信

晋代的陆机年少的时候，喜爱打猎。那时吴县老家的一位客人，送给他一只善走能跑的快犬，称它黄耳。后来陆机到京都洛阳任职就带着它，并且常常让它跟随着。这只狗既狡猾又聪明，而且能听得懂人说的话，陆机让人牵到三百里开外的地方，它还能认识道路独自返回家中。

陆机在洛阳公务繁忙，又久久得不到家里的消息。一天，陆机逗着狗说："我来此之后一次也没有接到家里的书信，你能为我捎封信去且再带回家里的消息吗？"狗听后露出高兴的样子，摇着尾巴"汪汪"叫着，表示愿意应承。于是陆机就写了封信，装在竹筒里，系到了狗的脖子上。这只叫黄耳的狗带着主人的家信，就顺着驿路大道向吴县而去。狗在路上风餐露宿和昼夜兼行，饿了就到路边草丛里找点野食吃；遇到大江大河就到渡口，向摆渡人俯首帖耳地显出恭顺求渡的样子，于是得以过渡。到了吴县陆机老家，它嘴里衔着竹筒，"汪汪"地叫着向人示意。陆机的家人打开竹筒，把书信取出看完，它又"汪汪"地叫着，好像有所要求。于是陆机的家人写信作答，把信放进竹筒里，又系到了狗的脖子上，这只狗就又把老家的家信很快地捎回洛阳。从洛阳到吴县，如果人走的话大概要五十天左右，可是这只快犬黄耳却只用了人走的一半时间就往返了一趟。

后来，快犬黄耳死了，陆机把它带回老家，埋葬在村南约二百步远的地方，还给它堆了个土坟，村里的人叫它为黄耳墓。

■ 人狗换寿

传说在很古的时候，人和各种动物的生命都是没有年限的。天神要给各种动物规定一个生命年限，告诉人和各种动物，要大家在夜里注意听他的呼喊，争取到长寿。到了半夜，天神首先叫一千岁，当时，所有动物都已熟睡，只有大雁听到呼喊，便答应了一声，于是大雁就

179

第六章　趣谈十二生肖

得了一千岁的寿命。天神叫到一百岁时，野鸭子听到答应了一声，得了一百岁的寿命。当天神叫到六十岁时，狗吠了一声，六十岁的寿命就被狗得去了。天神接着叫，直到叫十三岁时，酣睡的人才惊醒过来，慌忙应了一声，结果人只得了十三岁的寿命。

人们觉得十三岁的寿命太短，便恳求天神增添年数。天神叫人去与动物商量。结果动物们都不同意与人类换寿，最后人与狗达成了协议：人必须每天给狗三顿饭，照顾狗的生活，不打骂狗，这样，狗才同意把六十年的寿命给人，而自己仅得十三年寿命。人和狗对换了生命的年限。

第十二节　趣谈亥猪

■ 香猪梦

　　从前，有一个贾秀才，做了一个奇梦。梦中觉得有人在摇晃他，睁眼一看，却是一个女人，约摸二十来岁长得很美，举止大方，态度温和。贾秀才坐起来，问她是什么人？那女人笑着说："我本是猪仙，与先生前世有缘，今见先生独自一人，特来陪伴。"秀才听了，十分高兴，就与她开玩笑，说趣话。二人又一同上床睡觉。天色未明，猪仙便走了。

　　到了晚上，梦见猪仙又来了，说："我那姐妹们准备为我庆贺新郎，特地请你去大姐那里一趟。"于是拉了秀才的手就走，一会儿来到一个地方，前面有一所大院子。他俩一直走进中间的大厅，只见烛光闪烁，发出星斗似的光辉。不久，主人出来了，大约三十余岁，衣着很淡雅，长得十分漂亮。向秀才施过礼，道了喜，就准备入席，有个婢女走来说："三姐来了。"一个女郎随即进来，大约十八九岁，笑着向那女子说："二姐已经出嫁了，新郎还称心么？"新娘拿着扇子打她的背，还横着白眼瞅着她。三姐说："记得小时候与姐打闹，二姐最怕别人用手指在胁下搔痒，我一搔你就咒我，说我要嫁给矮人国的小王子，我咒你要嫁一个络腮胡子的郎君，刺破你的小嘴巴，今天果然如此。"大姐说："怪不得二姐咒你，新郎在旁，你还如此放肆。"不一会儿斟上酒，大家入席，一边喝酒，一边说笑，十分高兴。忽然有一个十三四岁的少女抱了一只小豕进来，虽然乳臭未干，却从外到内长得非常美丽、妩媚。大姐说："四妹也是来看你姐夫的吗？这里没有你坐的地方了。"于是抱着她放在自己膝上，拿了些点心果子给她吃。过了一会，便把四妹移到三姐怀里说："哎呀，把我的腿都压麻了！"三姐说："丫头这么大了，身体怪重的，我体力小，可抱不起，既然想看姐夫，姐夫身强力壮，腿又粗，经得起坐。"于是把四妹递到秀才怀里，四妹一到怀中，便觉一股芬芳的香气喷了出来，肌肉细腻柔软，轻得好像没有什么分量似的。秀才抱着她，跟她共用一个杯子喝酒，大姐说："四妹别喝了，喝多了，失礼惹姐夫笑话。"四妹甜蜜蜜地笑着，就这样，大家又说又笑，酒喝得越来越多，便以豕行酒令。大家拿筷子互相传递，筷子传到谁手，豕要是叫了，就该谁喝酒。哪晓得筷子每次传到秀才手里，豕便叫了起来，秀才本来很有酒量，一连干了几大杯，才发现是四妹故意捣蛋，弄得小豕叫起来的，使得大家忍不住都笑起来，秀才得理不让，逼着四妹喝酒。喝来喝去，不一会姐妹几个都醉了。秀才迷迷糊糊中发现醉倒的几个女子，不一会工夫都现了原形，原来是几只小香猪。秀才大吃一惊，不觉叫出声来，醒后才知是南柯一梦。但口里鼻中喷出来的气，仍然有着浓烈的酒香。

🔸 猪耳朵为啥长

猪原来是小耳朵，为啥会长？

相传，玉帝把牛大王发配凡间，整日思虑，想再派一位大臣与牛做伴，养活天下百姓。他决定叫猪将军去。

这天，玉帝传旨，叫猪将军登殿。猪将军一登殿，玉帝说："猪将军，自从牛大王走后，担心他一个养活不过天下百姓，再派你去，不知你心意如何？"

猪将军心里不乐意，嘴上却说："遵旨。"

于是他出了天宫，来到凡间，寻见牛大王。牛大王挺乐，就说："你来了，我就有帮手了。"

猪将军做了几天营生，做得乏了，心想："玉帝老儿怎么就偏偏叫我做这营生，在天宫闲游海逛多自在，我不干了。"

从此，人们把猪将军偷懒的事告玉帝那里，玉帝派两名天将下来捉拿猪将军回天宫问罪。天将下来了，他还睡大觉，怎么也叫不醒。两人一人拽一只耳朵，拉上去见玉帝，玉帝大怒，马上传旨，叫凡间人把猪养肥，杀了当菜吃，做供品。

完了，一看猪将军的两只耳朵也叫天将拽成了长长的大耳朵了。从此，人们逢年过节，办喜事都要杀猪庆贺。

知识链接

古代名马

汉武帝刘彻曾获大宛汗血马，称其为"天马"。这位被"惜"（毛泽东《沁园春·雪》云："惜秦皇汉武，略输文采"）的皇帝，曾写天马歌："天马徕兮从西极，经万里兮归有德。承灵威兮障外国，涉流河兮西夷服。"一代雄主借马言情抒怀，堪称豪迈。

"骅骝开道，骐骥呈材"。这副春联出自《庄子·秋水》"骐骥骅骝，一日而千里"，堪称绝妙：八字联语中，"马"字偏旁的字占了一

半。由于人们毫不掩饰的偏爱，汉语对于马称谓的区分之细是其他动物无法企及的。仅就马的体色而言，骊色黑，骊色黑，骁为浅黑，骐为青黑，骓为青黑，骍色赤，骝色紫，骓黑白相间，骓赤白杂色，骠为黄白色，黑白杂毛曰骓，黄白杂毛曰駓，青白杂毛曰骢，骠是黄色有白斑，骃为浅黑杂白，骝则身黄嘴黑，骝是黑鬣黑尾的红马，骝为黄脊的黑马，骢即面额白色的马……这些方块字犹如一块块五光十色的宝石，其间所凝聚的是我们富有智慧和想象的祖先对于马的观察、描画以至敷彩。这一切，不仅反映出古人对马的明显的偏爱，还体现了马在古代及当时人们生活中所占据的重要位置，所扮演的重要角色。

在中国历史上，名声如雷贯耳的宝马名驹灿若晨星，其中包括关羽的赤兔马（该马本是董卓从西凉带来的宝马良驹，后几经辗转成为关羽的宝驾，并与青龙偃月刀一起成为关羽的代表性形象）和唐太宗的六骏（唐太宗钟爱的六骏分别名为拳毛骊、什伐赤、白蹄乌、特勒骠、飒露紫和青骓。这些骏马陪伴他经过漫长的征程，创建了大唐伟业，立下不朽功勋，为此，贞观十一年他亲笔作了《六马图赞》，还令欧阳询用八分书写定刻石），不过比起周穆王的"马队"，它们还是要稍逊一筹的。相传西周穆王远游，出行时驾驭八匹骏马，《穆天子传》记为赤骥、盗骊、白义、逾轮、山子、渠黄、华骝、绿耳。这组马名，透露出骏马体貌与毛色的不凡。而在《拾遗记》中，八骏则分别记作绝地、翻羽、奔宵、超影、逾辉、超光、腾雾、挟翼。从名称看，不仅骏马添翼成飞马，而且"超影"、"超光"又"逾辉"，简直可与超光速相匹敌了。

第七章
生肖与艺术

　　生肖文化意蕴丰富，历代文人墨客、能工巧匠，以之为题吟诗作画，留下了珍贵的生肖文艺作品。当然，今人也不甘落后，纷纷创造出生肖文艺的新形式。在这一章，就让我们徜徉于生肖文艺长廊，品味十二生肖之诗情画意。

第一节　十二生肖诗

■ 十二属诗

　　我国是一个诗歌的国度，十二生肖作为一种底蕴深厚的文化，自然是备受诗人青睐的题材之一。

　　十二生肖不仅入了诗，还在古体诗领域拥有了自己的一席之地。从南朝起，中国出现了"十二属诗"。十二属诗既要将十二生肖按一定规律镶嵌其中，又要用典自然，不能生硬，颇需文学功底。

　　南北朝时著名诗人沈炯的《十二属相诗》，是十二生肖诗的开先河之作。

　　　　鼠迹生尘案，牛羊暮下来。
　　　　虎啸坐空谷，兔月向窗开。
　　　　龙隰远青翠，蛇柳近徘徊。
　　　　马兰方远摘，羊觅始春栽。
　　　　猴栗羞芳果，鸡跖引清杯。
　　　　狗其怀物外，猪蠡卷悠哉。

　　这首诗将十二生肖依次嵌在每句的首起位置，写法对仗工整，又充满生活的情趣，写起来颇为不易。

　　因此，后来的效仿者不愿再拘泥于此，便在体制上有所创新，他们不将十二生肖固定在句首或句尾的位置，而允许其在中间任何地方出现，如此就去掉了作诗的条条框框，扩大了诗的自由范围，使诗更加活泼。

至南宋时，十二属诗已为数不少，达到集结成卷的规模。当时的儒学大师朱熹就读到了这样的诗卷，读罢一时技痒，自己也作了一首，题目就叫《读十二辰诗卷掇其余作此聊奉一笑》：

夜闻空箪啮饥鼠，晓驾羸牛耕废圃。

时才虎圈听豪夸，旧业兔园嗟莽卤。

君看蛰龙卧三冬，头角不与蛇争雄。

毁车杀马罢驰逐，烹羊酤酒聊从容。

手种猴桃垂架绿，养得鹍鸡鸣角角。

客来犬吠催煮茶，不用东家买猪肉。

这首诗共十二句，每句嵌十二生肖中的一个，并将其置于句中。在诗中，生肖大都采用本义，只有"兔园"之兔、"猴桃"之猴，"鹍鸡"之鸡，以双关借义的形式出现。全诗融入了十二生肖，又是抒写闲居之情，可谓巧妙自然。作为大师之作，它在生肖属诗中比较有名。

宋朝以后的生肖诗作，大都遵循传统格式，又有些变通。元代文人刘因的《十二辰诗》也颇为有名，每句都包含一个与生肖动物相关的绝妙故事，别有情趣：

饥鹰吓鼠惊不起，牛背高眠有如此。

江山虎踞千里来，才辩荆州兔穴尔。

鱼龙入水浩无涯，幻境等是杯中蛇。

马耳秋风去无迹，羊肠蜀道早还家。

何必高门沐猴舞，豚栅鸡栖皆乐土。

柴门狗吠报邻翁，约买神猪谢春雨。

明代诗人胡俨在他《列朝诗集》里，也写过一首十二生肖诗：

鼷鼠饮河河不干，牛女长年相见难。

赤手南山缚猛虎，月中取兔天漫漫。

骊龙有珠常不眠，画蛇添足适为累。

老马何曾有角生，羝羊触藩徒忿嚏。

莫笑楚人冠沐猴，祝鸡空自老林丘。

舞阳屠狗沛中市，平津牧豕海东头。

该诗每句都包含一个历史典故，如画蛇添足、指鹿为马等，正所谓一名一典，没有一字无来处，让人品味到了诗的内涵。

民国初年，画家王梦白曾为门生李漪绘《十二生肖图》，当时知名学者黄濬也在座。李即向黄乞诗题图，黄欣然提笔作出《十二生肖题句》：

世情偃鼠已满腹，诗稿牛腰却成束。

平生不帝虎狼秦，晚守兔园真碌碌。

龙汉心知劫未终，贾生痛哭原蛇足。

梨园烟散舞马尽，独剩羊车人似玉。

子如猕猴传神通，画课鸡窗伴幽独。

板桥狗肉何可羡，当羡东坡花猪肉。

诗中藏典用事，浑然一体，妙语连珠，一气呵成。更难能可贵的是，作者对社会的黑暗不公和自己壮志难酬的愤愤之情寓于其中，读来令人感慨。

古代诗作中也不乏用到生肖典故的，如唐代白居易有一首诗写道："寅年篱下多逢虎，亥日沙头始卖鱼。"由于亥猪在五行中属水，才有"始卖鱼"之说。

而李商隐的《行次西郊》一诗中，则有"蛇年建午月，我自梁还秦。南下大散关，北济渭之滨"这样的诗句。

■ 十二生肖对联

对联，雅称"楹联"，俗称"对子"。对联是汉语语言独特的艺术形式，它的主题可以是任意事象，它所讲究的是言简意深，对仗工整，平仄协调，号称"诗中之诗"。

从古至今，以生肖入联者不计其数，有人为它们划出了一个专门的类别，即"生肖联"。

生肖联包含有不同的风格和旨趣，有的古典文雅，有的气势磅礴，有的幽默诙谐，有的讽刺入味。

子鼠入联——

甲乙科名佳话在，子孙孝友古风存。

这一联中，"甲子"两字嵌在联首，自然是指鼠，这也是作对联常用的一种方式。

丑牛入联——

曾驮李耳离函谷，又助田单破邵青。

老子曾骑青牛过函谷关，田单曾用火牛阵打败邵青，这是人所共知的典故，上下联分别以之将牛嵌入其中，真是巧妙。

寅虎入联——

一声长啸山谷震，万树生风闪电行。

寅虎之联将一只威风凛凛、风驰电逝的老虎描写得惟妙惟肖。

卯兔入联——

雪消狮子瘦，月满兔儿肥。

卯兔之联在中国历史上很有名，且它的背后还有一段风流佳话。传说，清代著名的女诗人席佩兰出此上联以求夫婿，而当时的才子孙原湘便因对上了下联而抱得美人归。

辰龙入联——

能吸风云兴瀚海，偏敷霖雨惠苍生。

辰龙之联，赞美了神龙兴云为人间兴云布雨的能耐和功德，所以被书写在一些地方的龙王庙门两侧。

巳蛇入联——

舌纵成双从不花言巧语，肢虽无一却能电掣风行。

蛇又称"小龙"，自然也能电掣风行，巳蛇之联道出了人人称畏的蛇的可爱之处，眼光独到。

午马入联——

引颈三嘶抒壮志，飞蹄万里奋长征。

午马之联不仅描写了一匹引颈飞蹄的奔马，更将人的志向寓于其中，给人昂扬之感。

未羊入联——

皮莫让他披，须防恶客充良善；

肉须供我食，好使春宵富馔稀。

这一联将众所周知的寓言典故"披着羊皮的狼"和羊以其肉奉于人类的功德引入其中，颇有教育意义。

申猴入联——

锣鼓登场，一片欢腾热闹；

衣冠扮相，三分文雅风流。

这副对联以猴戏为主题，将小猴聪明滑稽的模样和当时热闹的场面轻松描出，颇为有趣。

酉鸡入联——

肉蛋皆称美味，啼鸣总是佳音。

此联用平常之语将平常之事物道出，但俗中见雅，值得学习。

戌狗入联——

刻意看家，绝不朝三暮四；

忠心事主，从无爱富嫌贫。

狗是人类最忠实的伙伴，联语极赞其忠诚。

亥猪入联——

休笑嘴长，惹是生非从不齿；

莫嗟皮厚，吹牛拍马总无心。

此联将猪的短处尽数写出，却也道其是无心之过，显出猪之娇憨可爱。

前面除卯兔之外的其他联，都是在说生肖动物，却未将其直接道出，因而还可当做"谜联"使用。

春联，是对联中最为人熟知的一种。每值新春旧年交替之际，也是生肖动物交接之时，所以吉祥喜庆的春联，怎么能少得了生肖呢？生肖春联也有多种作法，比如在春联中嵌入本年的生肖：

闻鸡起舞，跃马争春。

此联是1981年《羊城晚报》春节征联的一等奖获奖作品，作者为童璞，该年是鸡年，而实际上它可以用于任何一个"鸡年"和任何一个"马年"。

下面再引一些生肖春联来供读者欣赏。

鼠年：金猪辞旧岁，玉鼠迎新春。

牛年：玉鼠回宫传捷报，金牛奋地涌春潮。

虎年：虎踞龙盘今胜昔，花香鸟语旧更新。

兔年：月里嫦娥舒袖舞，人间玉兔报春来。

龙年：鸟鸣春日惊山水，鱼跃龙门动地天。

蛇年：金蛇狂舞春添彩，紫燕翻飞柳泛青。

马年：蛇舞长城雪，马嘶北国风。

羊年：马蹄留胜迹，羊角搏青云。

猴年：花果飘香美哉乐土，猴年增色换了人间。

鸡年：鸡声窗前月，人笑福里春。

狗年：金鸡交好卷，黄犬送佳音。

猪年：亥时看入户，猪岁喜盈门。

■ 十二生肖歌谣

民歌当中，十二生肖也是特别受欢迎的题材。在我国许多地方，十二生肖歌谣被广为传唱。民国时期的学者胡云翘在其所辑的《沪谚外编》中，就收录了一首：

正月梅花开来直到梢，老鼠眼睛像胡椒，偷油咬物真讨厌，叮嘱家家多养猫。

二月里来开杏花，耕牛最是有功劳，油车里碾豆牛用力，稻田里犀水牛赶车。

三月里桃花红喷喷，老虎凶来要吃人，凶人还要凶人制，提到铁笼里那能放虎行。

四月蔷薇开来话头多，兔子双双来做窝，月落一窝小兔子，子崽多来劳碌多。

五月里来石榴开，老龙取水白漫漫，问龙住宿在何处？松江有个白龙潭。

六月荷花开来梗子青，毒蛇出世草里登，要嘱家家预备竹夹剪，灭尽毒蛇不害人。

七月凉风凤仙飘，客人骑马马飞跑，古来好将得好马，沙场征战立功劳。

八月中秋木樨香，性情愚善是胡羊，吃奶跪在娘腹下，畜生也识孝亲娘。

九月菊花开得叶头齐，花果山上猴儿真可怜。扬州婆捉去做戏法，随街傍路卖铜钱。

十月芙蓉开来小春天，家家养只过年鸡，雌鸡生蛋有出息，雄鸡到天明喔喔啼。

十一月水仙开来耀眼明，狗能防夜帮主人，独是生成一种欺贫重富怀脾气，看见穷人咬不停。

十二月里腊梅开，栅里猪驴拖出来，日里吃仔三顿不做啥，杀伊肉吃本应该。

今天，浙江省文成县一带也还流传着《十二生肖歌》，当地学者从一位七十八岁的长者那里采集到了它：

正月寅生是肖虎，生儿哺子在林中；口如血盘牙齿尖，上山落岭快如风。

二月卯生是肖兔，毛兔出世眼不亮；莫讲毛兔无出息，兔毛扎笔做文章。

三月辰生是肖龙，生儿哺子在天堂；十二生肖龙最贵，春二三月发毫光。

四月巳生是肖蛇，生儿哺子在岩窠；蛇行千里却无脚，高山草地紧紧过。

五月午生是肖马，生儿哺子在官堂；争州夺国都用到，冲锋陷阵在前方。

六月未生是肖羊，羊儿未落先叫娘；羊角尖尖像刀枪，一部胡须尺把长。

七月申生是肖猴，生儿哺子在树头；树头果子猴先吃，王母仙桃

中国古代生肖文化

也敢偷。

八月酉生是肖鸡，头戴红冠脚扒泥；莫讲雄鸡无有用，天神差它报天时。

九月戌生是肖犬，生儿哺子在柴仓；人来客去会迎送，盗贼走过叫汪汪。

十月亥生是肖猪，主人养猪栏中嬉；莫讲毛猪无有用，酬神还愿好福礼。

十一月子生是肖鼠，生儿哺子在谷仓；爬梁滑墙头一个，猫儿跑来无处藏。

十二月丑生是肖牛，主人养牛在栏头；十二生肖牛最苦，春来无牛万家愁。

以上两首民歌都是将生肖与月份相搭配，唱出了十二生肖的习性及其与人类的关系。

传承传统文化，要从娃娃抓起。民间也将十二生肖融入了儿歌，可谓"寓教于乐"。如我国东南地区的老百姓将生肖与数字搭配，编出了下面这首儿歌：

一鼠贼仔名，二牛驶犁兄，三虎爬山崎，四兔游东京。

五龙皇帝命，六蛇受人惊，七马跑兵营，八羊吃草岭。

九猴爬树头，十鸡啼三声，十一狗吠客兄，十二猪菜刀命。

上面这首儿歌，被收录在我国台湾地区出版的《野台锣鼓》中。

根据儿童年龄段的不同，生肖童谣还有难易度的区分，如上面的两首，是适合年龄稍长的孩子学习的，而下面这一首，则是当前被广泛用做开发学龄前幼儿智力的：

小老鼠，打头来，牛把蹄儿抬；老虎回头一声吼，兔儿跳得快；兔儿跳得快！

龙和蛇，尾巴甩，马羊步儿迈；小猴机灵蹦又跳，鸡唱天下白；鸡唱天下白！

狗儿跳，猪儿叫，老鼠又跟来，十二动物转圈跑，请把顺序排！请把顺序排！

第二节　生肖画作与剪纸

动物画以动物形象作为艺术语言，来表达人的希望、幻想和各种感情。它不要求惟妙惟肖，允许夸张与变形，但要有个性，要贴近生活，并能引起大家的共鸣。

生肖图区别于普通动物图的一个重要特点，是前者往往为十二种生肖动物大团圆，这不仅是由于中国人以齐全为圆满，更是由于十二生肖连在一起，表达了中国人周而复始的生命观念和乐观和谐的审美情趣。

■ 名家画作

历朝历代，几乎每位画家都"业有专工"。生肖画作对画家的要求比较高，要将十二种动物都画得形神兼备，难度极大，稍有瑕疵，便不圆满。

然而，古往今来，却也有不少画家勇于挑战自我，将笔触投向了十二种生肖动物。生肖文化的魅力，可见一斑。

虚谷（1823～1896），俗姓朱，名怀仁，清代著名和尚诗人、画家、工山水、花卉、动物、禽鸟，尤长于画松鼠及金鱼，亦擅写真，被誉为"晚清画苑第一家"。《十二生肖》是虚谷作品中不可多得的上乘之作。该画作于1884年，画家六十一岁，正值艺术创作成熟的顶峰时期。十二条屏分别绘制十二生肖，每屏各对应其一。所绘动物活泼清新，富于动感，形态情趣动人，各具神韵。十二幅连在一起，则又融会贯通，风格一致。

在现代美术领域，齐白石和徐悲鸿是响当当的人物。在动物画方面，齐白石最精于画虾，徐悲鸿最擅长画马，不过，两位大画家也被生肖文化所吸引，画起了他们熟悉或不熟悉的动物。

齐白石平生难得画龙，却在十二属相齐全才好的民俗心理影响下提起了笔。对此，八十五岁的齐白石有一段题画文字："蔚三先生既藏予画多，又欲索画十二属。予以有未曾见者龙，不能画……"

最终，他还是画了龙，画了柏羊、草蛇、游猪，画了他平素较少涉笔的狗和马，完成了一套生肖组画。

凑齐十二种以应民俗的同时，齐白石对于自己的画作还另赋其意——画犬，他题"吠其不仁"；画猴，他题"既偷走又回望，必有畏惧，倘是人血所生，必有道义廉耻"。这就增加了作品的文化意蕴。

徐悲鸿的《十二生肖图》创作于1945年，半个多世纪后才被"发现"。这幅图为水墨画，设色纸本。除《鸡》图钤白文印"东海王孙"外，其余十一图均各钤朱文印"徐"（均为徐悲鸿的常用印）。

据徐悲鸿夫人廖静文介绍，徐悲鸿一生仅画过这一幅生肖图。在"2004中国嘉德秋季拍卖会"上，画作以八百八十万元人民币拍卖成交，刷新了徐悲鸿书画作品拍卖的最高纪录。

生肖漫画是画家在探索大众化、民族化过程中收获的一个丰硕成果，尽管它也属生肖画系列，但风格与前面的几幅画作完全不同。

著名漫画家华君武曾画过一大批构思幽默机智、令人过目不忘的漫画作品。华老曾说过："人和动物，不通语言，却还可以沟通感情……有些动物富有人的性格、行为、七情六欲，漫画上借动物作褒贬更有趣些。"

在用十二生肖作画的漫画作者里，华君武名列前茅，他融幽默、讽刺、思索于一体，将人们熟悉

▲ 徐悲鸿的十二生肖图

的俗语、成语加以发挥，以丰富的想象力和简洁的笔触，淋漓尽致地抨击了社会上的种种不良现象，引人发笑的同时包含着深邃的哲理。

如今，在生肖画领域，有一批青年画家成长了起来。如中国当代青年书画家严学章，以其标志性的螃蟹体书法做题跋，将富于现代幽默的卡通漫画形式和水墨传统笔法相结合绘出生肖肖像，由此组出一幅别具一格的生肖图式，取名《生肖十二屏》。

山西广灵县画工世家出身的张永权，更是以十二生肖为主攻方向。他曾画过《狗年画狗》《猪年画猪》《鼠年画鼠》等作品，并在我国北京、广州、深圳、香港等城市举办过专题生肖绘画艺术展。他画的狗造型准确、栩栩如生；他绘的猪合理夸张，楚楚动人；他笔下的鼠通灵、机敏，给人带来愉悦之感。《新华月报》载文称赞他的画作："将民族的图腾文化和审美情趣融入到作品中，开生肖绘画新河，具有鲜明的艺术个性。"

◾ 生肖剪纸

生肖文化作为民俗的一个重要的组成部分，在剪纸中得以深刻地体现，十二生肖一直是民间剪纸艺术的传统题材，也剪出了很多的精品。

民间剪纸作品中常见生肖图案。生肖在剪纸中的构图形式有很多种，既有逐一入图的"单人照式"，如山西平遥剪纸世家李秀英所创作的生肖系列剪纸多为这种构图，其中，酉鸡剪纸为一只健硕的公鸡在菊花丛中，对着朝阳作啼叫状。也有两种生肖双双入图的，这其中最为常见的就属《蛇盘兔》了——旧时民间，尤其是在山西、陕西及甘肃一带广泛流传"蛇盘兔，必定富"的说法，这种剪纸是经常被用来祝福婚姻，但是其民俗学上的吉祥意义具有相当的广泛性——这种剪纸构图一般是蛇首兔头相对，蛇躯环绕兔身。更有集体入图的"全家福式"，这类构图的剪纸也相当流行。如延安地区民间剪纸高手白凤莲的作品《十二属相挂帘》，十二种生肖聚集于一幅。另外，还有生肖与人物共同构图的，当然也应该包括兽首人身以及普遍意义上的生肖与人物的剪纸构图。例如陕北的十二属相剪纸，图案上部为持莲娃娃，下部为龙，表示龙属相。以上四种构图方式，民间剪纸总能利用简明的艺术语言，巧妙地点明这是生肖图，以区别于一般的动物图案。

经过岁月的沉淀，生肖剪纸艺术也在不断地创新。1989年首届全国职工美术作品大奖赛上，获三等奖的《十二生肖》剪纸，图案为圆形，十二种生肖和人物一并入图：一娃骑虎举鼠灯，一娃骑牛持猪灯，一娃擎龙灯，一娃打兔灯，一娃骑马拎着盏狗灯，一娃提着鸡灯牵着羊，一猴耍蛇灯。整幅剪纸，六娃十二生肖，洋溢着节日喜庆气氛。近年来生肖剪纸获得了长足的发展。

如今，生肖剪纸艺术已经不再囿于小小的农家院，走出传统的庄户小院，步入现代设计的艺术殿堂：商标广告、产品包装设计、室内装潢、服装设计、邮票、报刊题花、舞台艺术、影视动画……在艺术领域的很多方面人们都能看见生肖剪纸艺术的亮丽倩影，不断创新的生肖剪纸艺术已经成为人类的精神财富和文化瑰宝。

第三节　生肖俑和墓壁画

■ 生肖俑

陕西临潼秦始皇陵兵马俑，以其撼人心魄的壮观阵容被誉为"世界第八奇迹"。发掘出的士兵俑、将军俑显示着两千多年前"秦之锐士"的勇武雄风，发掘出的马俑矫健肥硕，栩栩如生，显示着当年强秦兵马的健壮威风。兵马俑气势恢宏，浩浩如林，但到目前为止，人们在其中却没有发现后代墓葬中所常见的十二生肖俑。

所谓十二生肖俑，又称十二支神俑，作为厌胜辟邪的神物随葬于墓中，一般被认为墓主是在当时比较有身份有地位的人。据秦俑的出土以及其他时期墓室文物的发现来看，以十二生肖俑为冥器的葬俗，业界一般认为盛行于隋唐时期。1971年，湖南湘阴唐代墓葬中出土了一套生肖陶俑，整十二件，均为兽首人身造型，其形象是身着宽袖袍，两手向胸前作拱状，中间留有一个可以插物的长形小孔。这十二件生肖俑，分别置放在墓壁四周的小型壁龛内，用来表示方位。

△ 十二生肖俑

十二生肖俑作为一种非常重要的造型艺术，其比较成熟的造型通常有三种形式：其一，塑为人抱生肖动物（如中国历史博物馆陈列的一套生肖俑）；其二，塑为人身兽首（如湖南湘阴唐代墓室出土的一套生肖俑）；其三，生肖动物趴在人物头顶上。其中，前两种形式造型的生肖俑比较多见。这些生肖俑文物，显示着古代的殡葬习俗，为研究当时的工艺水平及墓室主人的身份地位提供了宝贵的资料，也为研究当时的服饰以及雕塑艺术提供了可贵的信息价值。

中国历史博物馆陈列着的十二生肖陶俑，系出土于湖北武昌周家大湾的隋代文物。这套俑为坐翁怀抱生肖动物的形式，如：丑牛俑，人坐，双手托牛，牛头向左；辰龙俑，人坐，龙搭人肩，人右手持龙尾，左手托龙腹，龙一足显于其胸前，另一足露在其胸侧，龙头在其胸前曲颈张望；巳蛇俑，人坐，搭蛇在颈，双手持蛇头、蛇尾在胸前；申猴俑，人坐，右手抱猴；亥猪俑，人坐，双手抱猪，猪头向右，等等。

此外，该馆还陈列着一套十二生肖青瓷俑，也系隋代文物，出土于湖北武昌桂子山。这套生肖俑均为人身兽首式造型，均作持笏之状。例如，丑牛俑人身牛首，双手持笏于胸前。

🟨 墓壁画

同生肖俑一样，古代墓葬壁画的生肖图案以及墓志上的生肖装饰性图案，也同样具有浓厚的葬俗意义。

唐代墓志很多在云纹繁复的线条中，刻着丑牛与未羊的形象。这里的生肖图案富有很强的装饰性，向人们展示了当时葬俗的一个侧面，具有一定的史料价值。

古代墓室的形状，规模，随葬品的数量及质量等等都从不同的角度反映着墓室主人的身份地位以及当时当地的社会风俗习惯，尤其是随葬品更是昭示着当时的葬俗习惯。

1980年，在山西太原南郊北齐娄睿墓的发掘中，发现大量精彩壁画，其中包括十二生肖动物图案。娄睿，鲜卑人，北齐皇室的外戚，地位显贵，官至太师、太傅，并省尚书令。他死于武平元年（公元570年），墓葬规模非常大，墓内的墓道、天井和墓室饰满壁画，墓葬品丰富多样。在墓室的穹隆顶部绘天象图，表现日、月、银河、星辰，为壁画的上层；

墓室壁画的下层，描绘了墓主人的生活情景，而十二生肖则绘于壁画的中层位置。其壁画中绘有天象、四神、仙人、羽人、雷公等形象，不过这些形象都早见于汉魏、南北朝的墓室壁画，而十二辰以动物形象绘于墓室，娄睿墓却是目前最早的例子。十二辰或称十二支，我国古代用以计算时间和标志方位，后来术数家把它与十二种动物相配，染上迷信色彩，用来厌胜驱邪。

这座北齐古墓中的生肖图案，应视为天象图的一部分。此前的墓室壁画要么只有四象图，要么只有天象图（或者是神话图，也是艺术化的天象图），然而太原北齐娄睿墓壁画中四象、十二生肖同时出现，这就比仅仅以四象标示天空方位更细致了。四象表示四方，也可以表示四季概念。十二辰即十二生肖所能涵括的时间概念，远比四象丰富。它可以表示岁星十二年一周天，也可表示一年十二月，一日十二时辰等。十二生肖兼具空间和时间的意义。十二生肖形象出现在墓葬中，正是生者从这双重意义上对死者的祝愿。

中国古代生肖文化

第四节　生肖铜镜及古币

■ 生肖铜镜

　　唐太宗李世民说："以铜为镜，可以正衣冠。"此话不假。只是这还不是古人赋予铜镜的全部功用。隋代王度《古镜记》说：

　　大业七年，度自御史罢归河东，遇汾阴侯生，赠以古镜，曰："持此则百邪远人。"镜横径八寸，鼻作麒麟蹲伏之象。绕鼻列四方，龟、龙、凤、虎，依方陈布。四方外又设八卦，卦外置十二辰位而具备焉，辰畜之外又置二十四字，周绕轮廓。文体似隶，点画无缺，而非字书所有也。侯生云："二十四气之象形，承日照之，则背上文画墨入影内，纤毫无失。举而扣之，清音徐引，竟日方绝。昔者黄帝铸十五镜，其第一镜横径一尺五寸，法满月之数。以其相差，各小一寸，此第八镜也。"乃列举征验异迹，凡遇精魅，照之无不变形立毙，魔怪称为"天镜"。每夜光彩如月。或日月薄蚀，镜亦昏昧。又能除人病。至大业十三年七月十五日，镜忽于匣中作声，若龙咆虎吼。良久，失镜所在。

　　对铜镜的这一番描写，令人神往。铸工已见神奇，叩之，清音经久不息；持其举向太阳，背面文字图画显于影中。又能感应日月薄蚀而昏昧，这奇；还能为人医病，又奇；装在镜匣里能够龙咆虎吼，更奇。诚然，这不必全当真。称其为黄帝铸造，也未必可信。可是，古人确以为铜镜不凡。李商隐诗"我闻照妖镜，及与神剑锋"。铜镜是道教辟邪的法器之一。《古镜记》说，铜镜铸纹"十二辰位而具备焉"。就是说，镜背图案，八卦符号围成一周。这一圈之外，子丑寅卯十二辰以生肖的形式围成一圈。古人赋予神奇意味的铜镜，似乎总要铸以十二生肖图饰的。

英国学者李约瑟《中国科学技术史》第四卷《天学》载有中国唐代铜镜。这一珍贵文物现藏于美国自然史博物馆。该镜圆形，直径27厘米，兽形纽，边缘饰有如意云头连珠纹。图案分为五圈。中间为青龙、朱雀、白虎、玄武四象图。第二圈排列着鼠、牛、虎、兔、龙、蛇、马、羊、猴、鸡、狗、猪十二种生肖动物，即十二辰。第三圈是八卦符号。第四圈由二十八星宿围成。第五圈铸字："长庚之英，自虎之精。阴阳相资，山川效灵。宪天之则，法地之宁。分别八卦，顺考五行。百灵无比逃其状，万物不能遁其形。得而宝之，福禄来成。"由此可知，十二生肖形象列于铜镜，取义即在"宪天之则，法地之宁"，它认为铜镜具有"百灵无以逃其状，万物不能遁其形"的神力是有关联的。美国汉家爱伯哈德《中国符号词典》也介绍了铸有十二生肖饰纹的唐代铜镜。

北京图书馆所藏古籍珍本《雅尚斋遵生八笺》卷十四"论古铜器具取用"，谈到鼎、编钟等古代珍贵铜器，其中言及十二生肖铜镜：

镜为人所必用……海兽、蒲桃、荔枝、五岳图形，十二生肖、宝花、云龙、十二符、四灵……蟠螭龙凤雉马等背俱妙。

《雅尚斋遵生八笺》作者为明代高濂。他列举铜镜图纹，不言十二辰，而直言十二生肖。

◻ 生肖古币

商品交换过程中作为"一般等价物"的货币，在我国很早就出现了。先以海产贝壳充当，后来铸币，从春秋时代的铜质空首铲形钱，到秦始皇统一币制所铸的"半两"钱，以至汉武帝时"五铢"钱、唐代的"开元通宝"、宋徽宗赵佶写字的"大观通宝"……一枚枚锈迹斑驳的古币记录着往昔的经济和政治，也保留着当年的民风民俗。生肖古币便是其中颇有趣味的一个品种。

生肖币又称十二支钱、命钱。《古钱大辞典》引《稗史类编》：

命钱，面有十二生肖字。张端木曰：此钱旧称命钱，有地支十二字，又有生肖形。生肖之说始于《淮南子》，则此钱不必出于近世也。今此钱有一字者、两字者、四字者、十二辰全者，大小不等，品种尤繁。

生肖钱币宋元时代即有铸造。其主要出于厌胜迷信的需要，如有的生肖钱图案，正面上方铸"本命星官"四字，下列丹鼎，右人形，左上为展旗之形，下铸生肖；币背面为符箓。当然，生肖钱也不是尽与厌胜迷信有关，其形式也是多样的。

穿孔之上铸地支一字，方孔之下铸相应生肖，"子"字币铸鼠，"丑"字币铸牛，此即所谓"一字者"，图案比较单纯。另有一种，只一面铸生肖形，或虎，或蛇，并不标地支，集齐十二枚，可以凑齐十二生肖动物。另外，正面铸子、丑、寅、卯四字，背面铸鼠、牛、虎、兔四生肖，这是一类。又有正面字子、午、卯、酉者，背面图案则为鼠、马、兔、鸡。还有一种形式，一面铸"午生"，另一面为星官与马图案；一面铸"酉生"，另一面则铸人和鸡图案，这就将生肖为人属相的意思点出来，突出了表示人的生年的内容。

有一种生肖钱，正面为两重圆圈，内圈铸十二支字，外圈在同十二支字相应处铸生肖；背面左有"敕令"字样，右有托塔神祇，下为神兽。从这种古币上所铸图案文字讲，显然已超出单纯的地支配生肖的内容。

另有三种生肖钱，正面图案类同，均为三重圆圈，内为地支十二字，中间一圈花纹，外圈为与地支字相应的生肖动物。背面图案，其一：立牌书"张天师"三字，并铸张天师驱鬼图，当具有驱邪辟邪意义；其一：星官、童子、树与鹤，当具祈求福寿的含义；其一：上方"加官进禄"

四字顶一冠，下方为卧鹿翘首望冠，冠谐音"官"，鹿谐音"禄"，这是祈望升官发财的。

又有一类图案采取连珠形式的生肖钱。此种古币一面为十二生肖，分别嵌于十二个小圆圈内，穿孔为圆心，六个小圆圈围绕着形成一圈，外圈又有六个小圆圈围一周，以云纹图案间隔，十二生肖呈连珠形状。另一面铸莲花、芦荻和鹭鸟，取一路连科之意。

第五节 生肖工艺品

■ 生肖年画

提到生肖民间工艺品，首先要说的当是年画，十二生肖是其最传统的题材，虽常见于年画中，却也常见常新。

古代年画，多以雕刻木版单色或套色印刷。年画中有以表现年月节令为内容的，它类似于我们今天常见的挂历，称为"历画"。生肖文化的题材上年画，以历画中最常见。河北武强清代年画《连生贵子》，红、黄、绿、紫四色套印。画面上两个大圆占了画幅的大部分空间，一圆内以两个儿童头脸、四个儿童身躯环绕拼成四个孩童；另一圆内以三个儿童头脸、五个儿童身躯环绕拼成六个孩童；圆圈内儿童俯仰卧立，连绵相接，故名"连生贵子"。此画双圆之上则为十二生肖，其构图布局是：龙、虎、兔吃仙桃而居中央，鼠、羊、牛、马依次排于右侧，蛇、鸡、狗、猴、猪依次列于左边。十二属相与莲（谐音"连"，取"连续，接连，持续"之意）和贵子同处一图，倒也不难理解。古人相信多子多福，讲"连生"，十二种属相齐备，以祈佑多子多女，子孙满堂。

■ 生肖雕刻

民间艺人以木雕刻生肖，制成品十分精致，居然不足指甲盖大，大多采用木料的本色或染为黄色，钻孔穿绳而出售。小孩子大都玩心较重，买一个自己属相的木雕挂在胸前，是非常高兴的一件事。从事这一行业的人，持一简易木架，木架上陈列着木雕成品，走街串巷。停下来时，将木架放置在高台处，边候卖边刻制。如今，在京、津地区仍能见从事此生意的手艺人，只是业已日渐减少。

上面我们提到的一些都是生肖工艺中的木雕或与之相关的工艺品，而雕刻工艺既有木雕，也有石雕、玉雕。在福建等地，旧时有一种家庭摆设，用寿山石雕成十二生肖，一块石上属相俱全。而"谦谦公子，温润如玉"——在喜欢佩玉的人们里边，佩戴自己生肖的玉雕是一种风习。这类玉雕很小，雕工精细。

旧时还有所谓十二生肖人物画，十二个人物各表示一种生肖，人物相貌要取生肖动物的特征，近似于"兽首人身"。画家溥心畬所作生肖人物图，猪形人嘴巴突出，马形人长面孔，鼠形人尖嘴，并且还标注以"鼠形人盗窃"、"牛形人刚直"之类的字样，均缘于对生肖动物形象的反映。

☐ 面塑和泥塑

塑，有面塑和泥塑等，其中的取材也以生肖最为常见。

面塑。在山东荣成一带，乡村间至今流传着正月十五捏生肖的风俗，当地人称之为"捏属"。每年农历正月十五，乡民家家和面，户户捏属。荣成捏属，做工考究。面料要用大豆磨成的细面，因为豆面油性大，再经过精心调和，可塑性强，可以任随捏制，并且这种豆面色泽鲜亮，容易晾干定型。所捏生肖动物，或立或卧，或奔或飞，或跑或跳，小巧玲珑，生动形象。所捏生肖的眼睛选择各色种子粒充当，以此象征五谷。生肖动物背上还要捏出一个小碗，制成后，添油装灯捻儿，便可点燃。至于小碗的形状也是非常讲究的，马和猪要捏成元宝形状的碗，叫做"金驹银猪驮宝来"。其他生肖则捏成十二花瓣式的碗，十二花瓣象征一年十二个月。荣成捏属，历时久远，流传又广，造就了许多面塑能手，那里王连乡方家村林桂莲大娘的捏属作品，被中国美术馆收藏。

泥塑。十二生肖彩塑也是富有民俗特色的工艺作品。北京泥塑十二生肖是其中的精品。十二种动物泥塑，均为宽袖开襟着装，呈双手持笏状，有点像古代的生肖俑。其造型活泼可爱，色彩艳丽，有些颜色的点染，是合于生肖的五行五色之说的。十二种动物摆在一起，五颜六色，形成鲜明对比：鼠，黑色头；牛，黄色头；虎头，虎皮色，上描"王"字；兔，白头红眼红唇；龙，蓝色头；蛇，绿头红眼；马，浅蓝色头；羊，灰色头；猴，红色；鸡，绛紫色头，红冠子；狗，红色头；猪，黑色头，紫色唇和吻。鲜艳的着色，使作品具有北方民间的乡土气息。此外，山东高密聂家庄的泥塑从明朝万历初年就已经开始生产了，其题材异常丰富，有禽、兽、鱼、虫、娃娃等等。到清朝嘉庆年间，其泥塑工艺由静态发展到会动、会叫、会逗趣的新奇玩意儿，出现了叫虎、叫鸡、叫猴等等。聂家庄泥塑中的生肖形象色彩艳丽，造型夸张，局部细节刻画比较花哨，是孩子们的钟爱的玩意儿。

■ 彩蛋描生肖

先秦古籍《管子》记有"雕蛋然后瀹之"，说的是用颜料涂画鸡蛋。清代中叶，彩蛋成为北京庙会上的特色商品，常见的图案为十二生肖和戏剧脸谱。彩蛋有单有双，或成套出售，

▲ 生肖彩蛋

十二生肖始终是彩蛋的主要画题。后来，彩蛋绘制水平不断提高，出现了专门的从业人员，七十二行占一行，称为"蛋花师"，彩蛋描生肖作为重要的一种生肖文化得以随之传承下来。

苏杭的生肖石

杭州有处生肖石是当地人们看出来、叫出来的。杭州吴山旧城隍庙址之西，有十二块形状各异的石头，"远近高低各不同"，以石造景，曰"巫山十二峰"。清代雍正年间，浙江总督，也就是现在被众多影视炒作的沸沸扬扬的李卫，在石旁建亭，题为"巫峡峰青"。诚然，令人遐想不已的名字很能为景观增色，但是当地百姓却偏偏不买账。当地人东张西望，远观近瞧，硬是看得这十二块石头像十二种属相，这块如卧虎，那块似飞龙，指指点点，传来传去，这堆石头就被叫成"十二生肖石"，而且名声在外，湮没了原本极富诗意的旧名。其实，这观望、瞅瞧与指认，确切地说应该是一种富有艺术的创作，充满联想和想象的创作。然而这创作的前提，却是生肖文化的深入人心。

独木不成林——杭州生肖石并非举世无双。狮子林，苏州四大古代名园之一，这座以大量的造型颇具艺术感的太湖石取胜，它却也流传着生肖石的佳话。狮子林原本是一座寺院的后花园，园内有石状似狮子，因而得名。历经重修，层峦叠翠，狮子林以叠石堆峰而闻名于世，还起了"含晖"、"吐月"、"玄玉"、"昂霄"等诗意浓郁的名目，视作点睛之笔，为石景锦上添花，妙景与美名相映成趣。可是，人们并没有让这些颇有诗意的名字框住寻找美、创造美的丰富的想象力，反而在狮子林中看出了十二种生肖动物的形象。至今，前去游园的人，在峰石林立之间徜徉，寻似鼠似牛的石、如虎如兔的石，找像龙像蛇的石、若马若羊的石，凑齐十二种属相，并将其视为一件其乐无穷的趣事。此外，在南京煦园、北京颐和园，都可以看到类似的石头景观。

苏州和杭州的这些未经雕琢的石头被人们想象为生肖，那些石是天然品，未经斧凿，但人们的审视眼光能够"雕塑"，能够创造出辰龙巳蛇午马未羊的形象来。这个中奥妙，不仅要归功于视点选取的巧妙，更要归功于生肖文化给人们审美活动带来的灵感以及生肖文化留在人们心中的深深的烙印。

第八章
现代生肖

　　生肖，是历史的馈赠，是文化的沉淀，是古代劳动人们的智慧结晶，是我们的宝贵财富，文化财富是需要被继承和发扬的。在接受和传承的同时，原有的文化获得了新的生机与活力，被赋予了新的内容，生肖文化在历史的长河里历久弥新。

第一节　生肖的运用与存在的问题

◻ 生肖的运用

生肖本来指十二种动物，但这些动物在生肖产生和发展中附有神话因素、社会因素、生活因素、人格因素等，一些人又将它与天干、地支、阴阳、五行、八卦联系在一起，再经不断修饰、提升、扩大、延伸，于是生肖便成为万事万物的象征，处理各种事象的灵药。从以往的种种社会活动中，人们随处可以看到生肖的身形，可以列出一大批运用生肖的例子。

生肖最初用来表达时间，包括年、月、日、时。成为表示时间的一种坐标，用于各种场合。进而还可表示出生、年龄、朝代等。

生肖在神话、寓言、故事、传说、童话中俯拾皆是。

生肖广泛运用于诗词、小说、古文、今文、成语、谚语、歇后语等语言、文字的文学作品之中。

生肖在歌谣、戏曲、雕塑、绘画、笑话、谜语、评话、弹词、相声等艺术作品中也比比皆是。

举例来说，在戏文中，尤其是京剧，引入以十二生肖为名的剧目，就有一大批。例如：

鼠戏：《五鼠闹东京》《闹东京》《五花洞》《十五贯》等。

牛戏：《牛郎织女》《小放牛》《牛头山》《牛脾山》《牛皋下书》《牛皋擒兀术》《火牛阵》等。

虎戏：《卧虎关》《虎牢关》《牧虎关》《恶虎村》《独虎营》《虎

丘山》《白虎关》《虎啸山》《白虎堂》《智取威虎山》《武松打虎》《除三害》《宝莲灯》等。

兔戏：《嫦娥奔月》《白兔记》《铁笼山》等。

龙戏：《陈塘关》《哪吒闹海》《龙门山》《龙换凤》《龙凤呈祥》《游龙戏凤》《遇龙封官》《双保龙》《打龙袍》《龙虎斗》《五龙斗》《五龙捧圣》等。

蛇戏：《白蛇传》《白娘子》《游湖借伞》《盗仙草》《盗库银》《金山寺》《断桥》《合钵》《祭塔》等。

马戏：《马前泼水》《买臣休妻》《当铜卖马》《马上缘》《孟良盗马》《泥马渡康王》《挡马》《张文祥刺马》《马嵬坡》《落马湖》等。

羊戏：《苏武牧羊》《龙女牧羊》《羊角哀》《洪羊洞》等。

猴戏：《水帘洞》《闹天宫》《西游记》《猴王出世》等。

鸡戏：《铁公鸡》《金鸡岭》《拾玉镯》《红嫂》等。

狗戏：《义犬记》《杀狗劝妻》（即曹庄杀妻）等。

猪戏：《野猪林》《猪八戒撞天婚》《猪八戒招亲》《流沙河》《高老庄》（又名《收悟能》）等。

有关生肖的民俗风情，在各民族各地区流传，内容五光十色，丰富多彩。形式多种多样，不可胜数。有大量文献和论著。

生肖与各类物品结缘，层见叠出，应有尽有，难计其数，例如商品、礼品、邮品、藏品、饰品、纪念品、年画、吉祥物，又如服饰、景观、名胜、古迹等。当物品贴上了生肖标志以后，无异增加了一份文化，使物品更具人性，更贴近大众，从而无形中增添有关顾客、观众、爱好者的亲和力、吸引力和欣赏力。

生肖运用十分广泛，几乎无处不有，无奇不有。举例如下：

生肖与人体有关。有人认为，十二支与人体相配：子为耳，丑为肚，寅为手，卯为指，辰为肩、胸，巳为面、咽、齿，午为眼，未为脊梁，申为经络，酉为精血，戌为命门、腿、足，亥为头。由于十二支与生肖相配，所以生肖与人体相关。

生肖与脏腑、经络有关。有人认为，十二支与脏腑和十二经络相配；寅为胆，卯为肝，巳为心，午为小肠，辰为胃，丑未为脾，申为大肠，酉为肺，亥为肾、心包，子为膀胱、三焦。由于十二支与生肖相配，因而生肖与脏腑经络相关。

各类专家、各方术士、方士常将生肖用来推度、预卜人间的许多活动。诸如卜卦（占星学）、算命（命理学）、风水（又称"堪舆术""相地术""青鸟术"等）、卜宅、择日、拆字、六壬（起课）、六甲（术数）、职业、运程、爱情、婚配、寿命、解梦、性格、交友、办事、出门、禁忌、买卖、丧葬等等。且各有一套迷人的玄论、学说、奇谈，设有一手奇妙的操作技巧，附有若干现实的例证。那正是未卜先知，料事如神。不是诸葛，胜似诸葛。不是神仙，胜似神仙。对此，信者，坚信不疑，心悦诚服；疑者，狐疑不决，心存疑虑；识者，心中有数，心照不宣。

■ 生肖文化中的问题

生肖文化与其他形式的文化一样，带有强烈的时代烙印。受到时代思想观念、科技文化、知识水平、社会关系以及生活习惯的影响。其中许多看法，在当时是现实的，甚至有进步意义，但后来随着认识提高，社会变革，科技进步而发生变化，被视为误解，视作谬误。为此，今人对生肖文化的看法与古人已经迥然不同。

对于生肖文化中的许多说法、看法，已经今非昔比。不难看到下列现象：

1. 神话的破除。例如，古时认为生肖的产生乃是佛祖的安排，天帝的设置，或伏羲氏、黄帝的创造等等说法，今人认为，纯属神话、仙说，大都荒诞无稽。

2. 天象有了新的认识。例如，现代人以为，天上的星星对地球有一定关系和影响，但绝不是说年年遵循一定的规律：鼠年、牛年风调雨顺，龙年多水灾，鸡年必干旱。至于天上星宿与生肖的对应关系，也属附会。更了解到，过去的所谓月中"白兔捣药"，"天狗吃月亮"等乃是神话。"太阳是父，月亮是母，星星是子""牛郎配织女"等乃是人为的臆说。

3. 传说的破解。生肖文化中的许多传说、假设、解释、约定、推论，有的出于古人的臆造、编造，有的是虚构、杜撰，有的是妄语、邪说，还混入了少数心术不端者的骗术、谎言。以后以讹传讹，似是而非。事例真可谓不胜枚举，略举数例如下：

凭空臆度型。如天道与人事相对应；人类的生肖与天空的星星相合；神龙兴云布雨，春分登天，秋分潜渊。

断章取义型。如运用生肖结合阴阳、八卦、五行，推度人生。认为人的属相主宰人生、命运、性格、婚姻等等。

望风扑影型。如认为本命年需要避凶趋吉，消灾免祸；本命鼠年，要禁捕老鼠；本命年不宜谈婚论嫁之类。

此外还有背本取末，混淆是非等许多荒唐说法。但今人已大多识破假象，悟到真谛，不再信邪。

4. 观念的变化。生肖中不少古旧观念现今已发生了根本性的改变。以图腾崇拜来说，图腾文化发生于旧石器时代中期，繁荣于旧石器时代晚期，进入新石器时代便趋于衰落，步入阶级社会以后，就只剩一些残余，近代在部分少数民族中也只能看到一些痕迹。

又譬如生肖禁忌，它源于动物崇拜、生肖崇拜。以往，农历正月初一到初六禁杀六畜：牛、马、猪、鸡、狗、羊等。但后来这种禁忌便逐渐淡化、式微，不了了之。

过去，崇鼠者祈求多子多福，崇牛者希冀五谷丰登，崇龙者盼望消灾免祸，崇虎者祝愿逢凶化吉，如此等等。时至今日，这些观念都发生了大变，有些看法已基本消失。有些民间习俗似乎也渐渐淡漠了。旧时，因为鸡与"吉"谐音，便视鸡为吉祥之物。但公鸡打鸣属于正常现象，母鸡打鸣被看作凶兆。有所谓"母鸡司晨，天下大乱"之说。再如有"猪来穷家，狗来富家，猫来孝家"的说法，也是毫无道理的讹传。

今人都已不信此邪。

5.动物功能的变易。生肖十二种动物，它们的生物本能似乎没有什么大变，但是它们的实用功能，在人类眼里，古今已大相径庭，对于十二生肖，人们所欣赏它们的原始功能也许是：鼠的繁殖能力，牛的助耕能力，虎的威武能力，兔的代月形象，龙的降雨神力，蛇的崇祖意识，马的乘骑和作战作用，羊的美食和美衣作用，猴的灵活，鸡的守辰，狗的忠诚和猪的食用。今日如何？曾经视为"仓神"的老鼠，如今列为"四害"之首，常作为科研中的试验品；受人尊敬的老牛，昔日乃是主要生产力，现今成为食品（牛奶和牛肉）、商品，耕地一职由机械代替；森林之王老虎也威风不再，已列为动物园的观赏对象，国家一级保护动物；灵蛇曾经列为祖先神、蛇仙，以后还把它饰成蛇妖。现今则多见于餐桌或被制成蛇药；老马过去在官场、战场上曾是得宠之兽，而今改弦易辙，改换门庭，成为赛场上的大将；绵羊作为吃穿的主要来源，功能似乎未变，但其重要性，恐怕已经不能同日而语。

关于猿猴，古代有许多神话，曾被一些民族视为祖先，这与今日"从猿到人"的观念似乎相近，但实际理解完全不同，前者出自于崇拜神灵，后者源于生物进化论。鸡的功能古今有相同之处，即餐桌上的美食。但更大的是相异。昔日鸡被作为司晨之禽，且是守信的典范。如今问时、守时已经完全不听鸡鸣。狗对主人的忠诚特性，始终如一，古今未变，然而狗的功能已经今非昔比，过去狗主要用来看家护院，充其量成为狩猎帮手。现今狗的作用得到大力开发，出现了一大批职业狗，如缉毒犬、搜索犬、导盲犬、导聋犬、宠物犬、探矿犬、救人（雪中）犬、救生（地震）犬、扫雷犬、护理犬等。只有猪，它的主要功能一如既往，即成为餐桌上的菜肴。

动物功能的变易，其实不在于动物自身，主要在于人类古代生活与现实生活发生巨变所致。

6.悖论的荒谬。生肖中有许多悖论，由此引起不少疑窦、矛盾，令人满腹疑云。略举数例如下。

老鼠曾被看作仓神、生肖神、祖先神、创世神，何等风光。但现实生活中老鼠为害诜诜，触目惊心。今人把它列为"四害"之首，想方设法要消灭它。老鼠的地位发生云泥之别，在民间由敬鼠、尊鼠、禳鼠，变为驱鼠、咒鼠、灭鼠，于理似乎十分悖逆。

龙的概念和地位也十分背谬。龙一向被视为祖神、神兽、灵兽，万兽之首，后来又作为帝王的形象大使，与帝王同宗同族，甚至还被列为中华民族的象征，中华民族也自封为龙的传人。但对龙的崇高形象过去就有不同看法。历史上就不乏贬龙、斗龙、辱龙、屠龙以及食龙的记述。如古代有舜除九龙、禹斩蛟龙、文王射蛟、周处除蛟的故事等，这些就是贬龙的故事。对于神龙的贬褒、崇辱，正说明生肖动物中存在许多悖理。

这里要说，民俗不是法，但其约束力、威慑力、影响力却不亚于法。一些错误的言论、观念，一旦约定俗成，便成为人们难以解脱的桎梏。这类束缚、桎梏，在其他预测活动方面也十分常见，非常值得善良的人们仔细审视，以免上当受骗，影响正当、合理的生活。

第二节　古为今用的生肖艺术品

■ 生肖雕塑

近些年来，随着国人对传统文化重燃热情，生肖雕塑也在全国遍地开花。不少城市公园都将生肖雕塑作为文化景观之一。而这些雕塑作品，也往往成为游客流连嬉戏和合影留念之选。

各地生肖雕塑，大多是取形于生肖动物，江苏镇江却想出了制作汉字生肖雕塑的主意。2006 年，独具创意的汉字生肖雕塑在金山公园落成。设计师以古汉字十二生肖为基本素材，创造性地将二维的汉字转化为三维空间的立体造型，既保留了古汉字象形的特色，又具有强烈的现代感。

哈尔滨人也别出心裁，摒弃了生肖雕塑常用的石头材质，建起了国内首个景泰蓝生肖雕塑园。十二生肖雕塑采用景泰蓝工艺制作，配以紫铜、彩灯等材料，色彩艳丽，栩栩如生，让人大开眼界。

生肖雕塑热也蔓延到了我国港澳地区。在澳门离岛连贯公路的路边，耸立着一组气势磅礴的十二生肖系列城雕，它们已被列入"世界之最"，高耸入云的身姿往往令置身车中的游客讶异不已。这组雕像的设计和塑造者为我国澳门雕塑艺术家梁晚年先生。据说，它是澳门政府在回归前兴建的最后一项艺术工程。在中央电视台播出的回归纪录片的片头

▲ 生肖雕塑——兔

中，便有十二生肖系列城雕的身影。

在我国香港著名旅游景点九龙寨城公园，专门辟有"生肖倩影"景区。其中的生肖塑像材质为青白石，数年风吹雨打也无损其洁白。这个景区还有个别名叫"童乐苑"，可以想见其中的生肖动物造型也是活泼可爱。有趣的是，苑里的生肖雕像是依据十二种动物的实际大小比例塑成的，这也就难为了想跟自己的属相合影的属鼠人，因为老鼠的身形太小，它的雕像也仿佛地上的一块小石头。

这些雕像还有一个特点就是中国风十足，比如老虎背上的鱼鳍其实是参照了周朝的神兽造像来设计的，而马的造型则仿照了北京明十三陵的石马。

■ 生肖邮票

生肖文化已经广泛地融入到平常的百姓生活，影响着现代人生活的方方面面。

近年来，后起之秀生肖邮票已在不知不觉中成为春节造型艺术品中一颗耀眼的新星。

日本生肖邮票大都采用民间玩具工艺品为图案——日本于1950年发行的虎年贺年邮票，是世界上的第一枚生肖邮票。此后，东方一些国家和地区相继发行生肖邮票。

自1980年的《庚申年》特种邮票起，我国邮电部开始发行生肖票，到1991年的《辛未年》生肖票，十二年间十二属相在寸方邮票上逐一亮相，向世人展现着其各自的魅力。邮票上那形象可爱的子鼠、威风的寅虎、盘旋的辰龙、俊俏的午马等，都成为每年辞旧迎新的"吉祥物"。

生肖邮票出满了一轮，赢得了世人的好评。古老的生肖题材搬上"国家名片"，其设计既注重了题材的传统特色，立足于民族性，又特别注意现代感，着意于出新出彩。传统与现代结合，历史与时代结合，这大概是生肖邮票社会反映良好的重要原因。

注重时代精神，是我国首轮生肖邮票的风格追求。

▲ 生肖邮票

我国生肖邮票并没有走古董翻版那条路，而是运用现代设计元素，将"新"融于美丽的画面，一个个可爱的形象，给人以审美的愉悦感以及浓郁的生肖文化的精神熏陶。生肖邮票打开了中国传统文化的一扇窗口。从这个窗口，人们可以一览生肖文化的美丽风景，并真切地领略到生肖文化与当代中国文化同步前进的风采。

子鼠丑牛，寅虎卯兔……十二生肖是包含华夏文化信息的序号系统，它包蕴着民族的、民俗的文化积淀。

因为与中国有着颇深的渊源，国外的生肖邮票也值得一提。如美国邮政总局从 1993 年起开始发行第一套生肖邮票，目的是纪念华人对美国社会的贡献。从 1993 鸡年到 2004 猴年，十二枚生肖邮票全由华裔设计师李健文一人设计，这是美国历史上第一次由一人获得整套邮票设计资格，它也成为了美国邮票史上发行最成功的邮种之一。

生肖文化作为我国民俗文化的一部分，具有十分重要的地位，并且一直伴随着社会的发展扩展到各个领域。这就要求我们始终保持着对生肖文化的关注，继承并发展这种文化，使它发出更加耀眼的光芒。

 知识链接

齐白石"瞒天过海"

1980 年 1 月，中国邮电部发行《齐白石作品选》邮票一套十六枚，外加小型张。因为邮票小型张上印着"一八六三年——一九五七年"字样，邮票发行后，有人对齐白石生卒年代提出质疑：小型张所选齐白石 1955 年画的《祖国万岁》写着"九十五岁白石"，照此计算，其出生年该在 1860 年；苏联发行的齐白石邮票，也注其生于 1860 年。为此，邮票设计者邵柏林撰文，特作说明有《齐白石年谱》为据："清同治二年（1863）癸亥十一月廿二日，齐白石生于湖南湘潭县南百里之杏子坞。"并特别援引齐良巳的话："父亲是属猪的，我也是属猪的，父亲生于清同治二年，1863 年是不会错的。"流逝的岁月使记忆模糊，使史料含混。可是，当齐家后人毫不含糊地说出"父亲属猪"的话来，疑难也就迎刃而解了。

　　"父亲是属猪的，我也是属猪的"，生活中这种常见的表述方式，人们已经是司空见惯了的。因为，生肖纪年极具形象性，容易记得清，不易混淆。所以言者讲"属猪的"，似乎比讲公元年份更有把握。

　　那么，齐白石的画作上为何多写年岁呢？原来，其原因起源于算命。白石老人听信了别人给他算的命：75 岁时将有大灾难，可用"瞒天过海法"解脱，75 岁时自称 77 岁，瞒两岁就可跳过这个"门槛"。这样，他画上题款的年龄，实际上是实足周岁加上虚一岁，再加瞒两岁。1955 年他 92 岁时的作品，落款为 95 岁便容易理解了。

图片授权

全景网

壹图网

中华图片库

林静文化摄影部

敬　启

　　本书图片的编选，参阅了一些网站和公共图库。由于联系上的困难，我们与部分入选图片的作者未能取得联系，谨致深深的歉意。敬请图片原作者见到本书后，及时与我们联系，以便我们按国家有关规定支付稿酬并赠送样书。

　　联系邮箱：932389463@qq.com

参考书目

1．吴裕成．中国的生肖．北京：中国国际广播出版社，2010.

2．过常宝，王静波．生肖文化．北京：中国经济出版社，2010.

3．臧笑飞．生肖文化．长春：吉林出版集团有限责任公司，2010.

4．吴裕成．生肖民俗．天津：天津人民出版社，2010.

5．沈泓．生肖物语．北京：中国广播影视出版社，2011.

6．巫龙春．十二属相谜语成语欣赏．北京：金盾出版社，2011.

7．吴震世．生肖文化．上海：东华大学出版社，2012.

8．赵光宇．十二生肖成语故事《鼠》．北京：北京师范大学出版社，2012.

9．赵光宇．十二生肖成语故事《兔》．北京：北京师范大学出版社，2012.

10．宋长虹．生肖文化．陕西：陕西人民出版社，2012.

11．公隋．龙年说龙．北京：新世界出版社，2012.

12．郝强．生肖的奥秘．北京：新世界出版社，2012.

13．徐刚．中国红十二生肖．合肥：黄山书社，2013.

14．杨吉成．中国生肖诗歌大典．成都：巴蜀书社，2013.

15．何松尧．新编十二生肖．北京：中国铁道出版社，2013.

16．邸永君．永君说生肖．北京：商务印书馆，2014.

17．李淑琴．中国十二生肖民俗与科学文化艺术．北京：金盾出版社，2014.

18．梁宏达．老梁趣谈十二生肖．北京：电子工业出版社，2015.

19．戴宝庆．生肖密码者．上海：上海人民出版社，2015.

20．詹岱尔．生肖趣话．天津：新蕾出版社，2015.

中国古代生肖文化

中国传统民俗文化丛书

一、古代人物系列（13本）

1. 中国古代乞丐
2. 中国古代道士
3. 中国古代名帝
4. 中国古代名将
5. 中国古代名相
6. 中国古代文人
7. 中国古代高僧
8. 中国古代太监
9. 中国古代侠士
10. 中国古代幕僚
11. 中国古代皇后
12. 中国古代士人
13. 中国古代华侨

二、古代民俗系列（10本）

1. 中国古代民俗
2. 中国古代玩具
3. 中国古代服饰
4. 中国古代丧葬
5. 中国古代节日
6. 中国古代面具
7. 中国古代祭祀
8. 中国古代剪纸
9. 中国古代鞋帽
10. 中国古代生肖文化

三、古代收藏系列（16本）

1. 中国古代金银器
2. 中国古代漆器
3. 中国古代藏书
4. 中国古代石雕
5. 中国古代雕刻
6. 中国古代书法
7. 中国古代木雕
8. 中国古代玉器
9. 中国古代青铜器
10. 中国古代瓷器
11. 中国古代钱币
12. 中国古代酒具
13. 中国古代家具
14. 中国古代陶器
15. 中国古代年画
16. 中国古代砖雕

四、古代建筑系列（12本）

1. 中国古代建筑
2. 中国古代城墙
3. 中国古代陵墓
4. 中国古代砖瓦
5. 中国古代桥梁
6. 中国古塔
7. 中国古镇

8. 中国古代楼阁
9. 中国古都
10. 中国古代长城
11. 中国古代宫殿
12. 中国古代寺庙

五、古代科学技术系列（15本）

1. 中国古代科技
2. 中国古代农业
3. 中国古代水利
4. 中国古代医学
5. 中国古代版画
6. 中国古代养殖
7. 中国古代船舶
8. 中国古代兵器
9. 中国古代纺织与印染
10. 中国古代农具
11. 中国古代园艺
12. 中国古代天文历法
13. 中国古代印刷
14. 中国古代地理
15. 中国古代地方志

六、古代政治经济制度系列（16本）

1. 中国古代经济
2. 中国古代科举

3. 中国古代邮驿

4. 中国古代赋税

5. 中国古代关隘

6. 中国古代交通

7. 中国古代商号

8. 中国古代官制

9. 中国古代航海

10. 中国古代贸易

11. 中国古代军队

12. 中国古代法律

13. 中国古代战争

14. 中国古代衙门

15. 中国古代外交

16. 中国古代盐文化

七、古代文化系列（26本）

1. 中国古代婚姻

2. 中国古代武术

3. 中国古代城市

4. 中国古代教育

5. 中国古代家训

6. 中国古代书院

7. 中国古代典籍

8. 中国古代石窟

9. 中国古代战场

10. 中国古代礼仪

11. 中国古村落

12. 中国古代体育

13. 中国古代姓氏

14. 中国古代文房四宝

15. 中国古代饮食

16. 中国古代娱乐

17. 中国古代兵书

18. 中国古代哲学

19. 中国古代宗祠

20. 中国古代奇案

21. 中国古代旅游

22. 中国古代家风

23. 中国古代地名

24. 中国古代家谱与年谱

25. 中国古代名字与别号

26. 中国古代墓志铭

八、古代艺术系列（12本）

1. 中国古代艺术

2. 中国古代戏曲

3. 中国古代绘画

4. 中国古代音乐

5. 中国古代文学

6. 中国古代乐器

7. 中国古代刺绣

8. 中国古代碑刻

9. 中国古代舞蹈

10. 中国古代篆刻

11. 中国古代杂技

12. 中国古代民间工艺